Stefan Böckler

Vermintes Gelände
Eine Streitschrift gegen den Mainstream der deutschen Integrationsdebatte

Dogmen, Paradoxien und Fehlschlüsse im aktuellen Integrationsdiskurs

Stefan Böckler

VERMINTES GELÄNDE

Eine Streitschrift gegen den Mainstream der deutschen Integrationsdebatte

Dogmen, Paradoxien und Fehlschlüsse im aktuellen Integrationsdiskurs

ibidem
Verlag

Bibliografische Information der Deutschen Nationalbibliothek
Die Deutsche Nationalbibliothek verzeichnet diese Publikation in der Deutschen Nationalbibliografie; detaillierte bibliografische Daten sind im Internet über http://dnb.d-nb.de abrufbar.

Bibliographic information published by the Deutsche Nationalbibliothek
Die Deutsche Nationalbibliothek lists this publication in the Deutsche Nationalbibliografie; detailed bibliographic data are available in the Internet at http://dnb.d-nb.de.

ISBN-13: 978-3-8382-1527-3

Printed in the EU

Einen Menschen aber, der die Wissenschaft einem nicht aus ihr selbst (wie irrtümlich sie immer sein mag), sondern von außen, ihr fremden, äußerlichen Interessen entlehnten Standpunkt zu akkommodieren sucht, nenne ich „gemein". (Karl Marx 1861-1863: 771)

Es handelt sich um ein Thema, das mit Ängsten und manchmal auch mit Abwehrhaltungen verbunden ist, die mehr oder weniger irrational unseren öffentlichen Diskurs verwirren. ... Und darum ist es wichtig, dass wir eine rationale, auf Fakten gestützte Debatte zur Norm machen. (Joachim Gauck 2013 in Bezug auf die Zuwanderung aus Bulgarien und Rumänien)

Inhaltsverzeichnis

Einleitende Bemerkungen

Wer schreibt?

30 Jahre Leben in bi-kulturellen familiären Zusammenhängen und 15 Jahre Leben und Arbeiten in einem anderen europäischen Land haben die Beziehungen zwischen Angehörigen verschiedener Herkunftsgruppen zum ‚Lebensthema' des Autors dieses Textes werden lassen. Mehr als 25 Jahre wissenschaftliche Beschäftigung mit solchen Beziehungen haben dieses Thema darüber hinaus auch zu seinem beruflich dominierenden Betätigungsfeld gemacht: In unterschiedlichen nationalen/regionalen Kontexten und in Bezug auf unterschiedliche Herkunftsgruppen hat er sich sowohl grundlagentheoretisch als auch empirisch intensiv mit diesem Thema befasst. Auf Basis solcher lebensgeschichtlichen Erfahrungen und wissenschaftlichen Studien hat er unvermeidlich Grundüberzeugungen darüber entwickelt, welche Rolle solche Beziehungen im Zusammenleben von Menschen spielen und welche Faktoren Einfluss auf sie nehmen.

Warum eine Streitschrift? Warum ein Essay?

Diese Grundüberzeugungen sind mit der Zeit immer deutlicher in Gegensatz zu den in seinem beruflichen und privaten Umfeld vertretenen Überzeugungen geraten, was Anlass für vielfältige Diskussionen und einschlägige Publikationen gegeben hat. Die Resonanz auf diese Interventionen war durchweg enttäuschend: Entweder wurden sie überhaupt nicht wahrgenommen oder trafen bei den Adressaten auf keinerlei Bereitschaft, die eigenen Überzeugungen zu überprüfen. Wenn man über Jahrzehnte hinweg dieselben aus der eigenen Sicht überzeugenden Argumente ins Feld führt und auf derartige Reaktionen stößt, baut sich unvermeidlich einiger Ärger auf, dem im Folgenden in entsprechendem Ton öffentlicher Ausdruck gegeben werden soll – selbstverständlich auf Basis der Annahme, dass die gelieferten Argumente jenseits eines solchen persönlichen Ärgers auch für andere mit diesem Thema Befassten zu einem besseren Verständnis der Probleme und Perspektiven von Integrationsprozessen beitragen.

Dass die daraus hervorgegangene ‚Streitschrift' die Form eines Essays angenommen hat, hängt mit den spezifischen Möglichkeiten zusammen, die dieses literarische Genre bietet. In gedrängter Form erlaubt es eine Entfaltung und Zuspitzung von Thesen, ohne in jedem Fall einen umfassenden und systematischen empirischen Beleg (in diesem Fall an der Literatur- und Diskussionslage) erbringen zu müssen[1]. Tatsächlich hätte eine im strengen Sinne wissenschaftlich-akademische Beschäftigung mit der Vielfalt der angesprochenen Aspekte des Integrationsdiskurses den Rahmen einer einzelnen Publikation mit Sicherheit gesprengt. Wenn sie doch leistbar gewesen wäre, hätte sie darüber hinaus allenfalls das engere Fachpublikum erreicht; dies wäre dem Charakter einer Streitschrift, die auf ein möglichst breites Publikum zielt, nicht gerecht geworden. (Allerdings geht der Autor davon aus, dass die von ihm gelieferte Beschreibung des Diskussionsstandes in einem umfassenderen Kontext auch einer systematischen Überprüfung standhalten würde.)

Nicht zuletzt erlaubt es der Verzicht auf eine streng wissenschaftliche Vorgehensweise auch, persönliche Forschungserfahrungen mit dem Thema einzubringen, Erfahrungen, die grundlegend für die Anliegen des Essays waren und diese häufig besser veranschaulichen können als auf Allgemeingültigkeit zielende Argumentationen.

Tatsächlich bilden solche persönlichen Erfahrungen in der Forschung zu interkulturellen und Integrationsfragen den Ausgangspunkt und das Rückgrat des Textes. Dies hat unvermeidlich zur Folge, dass dieser Text immer wieder von konkreten Personen und Institutionen und nicht nur von theoretischen Positionen und Forschungsergebnissen handeln wird. Dort wo die dargestellten

---

1 Die Literaturbelege für die formulierten Thesen werden von daher nur exemplarisch sein und kein vollständiges Bild der Literaturlage zu der jeweiligen These liefern. Genauso wenig können einzelne Argumentationsstränge innerhalb der inzwischen unüberschaubar gewordenen Literatur zum Thema systematisch nachgezeichnet werden.

Positionen und Diskussionen öffentlich dokumentiert sind, werden die jeweiligen Autoren[2] und ihre Texte benannt. In Bezug auf informelle Stellungnahmen und Debatten wird hingegen das mögliche Höchstmaß an Anonymisierung gewahrt: In diesem Fall werden die Namen der Beteiligten nicht genannt und nur die für den Nachvollzug der Sachlage notwendigen Informationen geliefert. Das schließt nicht aus, dass für ‚Insider' der Debatte aufgrund dieser Informationen auch in solchen Fällen erschließbar ist, um welche Personen bzw. Institutionen und um welche Forschungszusammenhänge es jeweils geht. Für diesen Fall kann nur unterstrichen werden, dass es dem Text nicht in erster Linie um die Zuschreibung persönlicher oder institutioneller Verantwortlichkeiten geht, sondern die beschriebenen Fehlleistungen strukturelle Defizite des Integrationsdiskurses betreffen. Eine der Thesen des Textes besteht ja gerade darin, dass diese Defizite den Integrationsdiskurs personen- und institutionenübergreifend charakterisieren.

An und gegen wen richtet sich der Text?

Neben Motivation und Genre des Textes ist seine Zielgruppe zu klären: Welches sind die Akteure des genannten ‚Mainstreamintegrationsdiskurses', über die berichtet und mit denen gestritten werden soll, die also sowohl Objekte als auch Adressaten der nachfolgenden kritischen Überlegungen sind?

Aufgrund der unterschiedlichen Berufsfelder, in denen sich der Autor bewegt hat, reicht das Spektrum hierbei von Akteuren aus dem wissenschaftlich-akademischen Bereich über eher anwendungsorientierte Wissenschaftler bis hin zu publizistischen und politischen Diskutanten dieses Themas. Dabei wird davon ausgegangen, dass die beschriebenen und kritisierten argumentativen Mus-

2 Zur besseren Lesbarkeit des Textes wird hier und im Folgenden ausschließlich die männliche Form der Personenbezeichnungen verwendet. Weibliche und anderweitige Geschlechteridentitäten sind dabei ausdrücklich mitgemeint.

ter und Umgangsformen mit wissenschaftlichen Forschungsergebnissen in all diesen Feldern der Beschäftigung mit der Thematik gleichermaßen auftreten[3].

Dass solche Vorgehensweisen den Integrationsdiskurs zunehmend und hegemonial bestimmen, kann ein Essay wie dieser nicht zweifelsfrei belegen; dazu bedürfte es einer umfassenderen und bibliografisch vollständiger abgesicherten Studie. Der Text geht allerdings davon aus (und beansprucht, dies auch zu belegen), dass die kritisierten Vorgehensweisen in relevanten theoretischen Arbeiten zu Integrationsfragen und einflussreichen empirischen Studien zu diesem Thema immer wieder zu identifizieren sind. Gerade die Sichtung der neueren Literatur zum Thema hat darüber hinaus gezeigt, dass die kritisierten Argumentationsmuster in der Debatte über Integrationsfragen zunehmend an Gewicht gewinnen[4]. (Insbesondere für die jüngere Forschergeneration scheinen sie tatsächlich immer mehr den Charakter eines konsolidierten und insofern nicht mehr in Frage zu stellenden Basiswissens der Integrationsforschung anzunehmen.)

Persönlich hat der Autor schließlich die Erfahrung gemacht, dass in jeder Debatte zu Integrationsfragen, an denen er (in ganz unterschiedlichen institutionellen Kontexten) im Verlauf seiner Beschäftigung mit diesem Thema teilgenommen hat, früher oder später eine der kritisierten Vorgehensweisen (meist sogar in Kombination mit anderen) vehement und mit weitgehender Zustimmung des Publikums ins Gespräch gebracht worden ist.

Auf diesem Hintergrund spricht einiges für die Annahme, dass die kritisierten Argumentationsmuster sich im Mainstream

---

3 Die im Folgenden kritisierten Positionen finden sich inzwischen unter dem Titel einer ‚reflexiven Migrationsforschung' versammelt. Siehe hierzu Nieswand/Drotbohm 2014. Der vorliegende Text zielt demnach auf eine Metareflexion dieses Gesamtprogramms.

4 Für einen breiter angelegten Zugang zu Migrations- und Integrationsfragen in Deutschland siehe zum Beispiel Bertelsmann Stiftung 2014. Im Folgenden werden sowohl typische Beispiele für die Verwendung der kritisierten Argumentationsmuster als auch über diese hinausweisende Ansätze benannt.

der Integrationsdebatte etabliert haben (und dass sich dieser Prozess fortsetzen wird)[5].

Was sind die zentralen Anliegen des Textes?

Im zweiten Motto des Essays ist das wesentliche Anliegen des Textes schon aus höchstberufenem Munde benannt: Gerade wegen der enormen emotionalen Besetzung und politischen Instrumentalisierung des Integrationsthemas bedarf es hierbei einer „rationalen, auf Fakten gestützten Debatte"[6]. Grundannahme des Essays ist, dass die zu diesem Thema in Deutschland geführte Debatte in dieser Hinsicht vieles zu wünschen übrig lässt. Dies gilt nicht nur für diejenigen, die „Ängste und Abwehrhaltungen" gegenüber der zunehmenden ethnisch-kulturellen Pluralisierung der deutschen Gesellschaft zeigen, sondern immer wieder auch für diejenigen, die diese zunehmende Vielfalt akzeptieren oder sogar begrüßen. Und leider betrifft auch das erste Motto damit manche derer, die das wissenschaftliche Rüstzeug für eine solche akzeptierende Haltung bereitzustellen versuchen; eine zentrale These des Textes wird gerade darin bestehen, dass die vom Marxschen Diktum beschriebene Form der „Gemeinheit" auch in diesem Personenkreis verbreitet ist.

---

5 Erheblichen Einfluss auf diesen Prozess wird voraussichtlich der im Januar 2021 veröffentlichte Bericht der Fachkommission der Bundesregierung zu den Rahmenbedingungen der Integrationsfähigkeit nehmen. Nicht nur aufgrund des Auftragsgebers dieses Berichts, sondern auch durch die breite und kompetente Zusammensetzung dieser Kommission werden seine analytischen und politisch-normativen Stellungnahmen zu den Bedingungen und Perspektiven von Integration die weitere Debatte in Deutschland mit Sicherheit stark mitbestimmen – ähnlich wie das seinerzeit (2001) der Bericht der sogenannten Süssmuth-Kommission für die nachfolgende Debatte (und Gesetzgebung) zu Integrationsfragen getan hat. – Aufgrund der im Januar 2021 anstehenden Drucklegung des vorliegenden Textes konnte dieser Bericht hier nicht mehr systematisch berücksichtigt werden und wird nur punktuell herangezogen werden. Obwohl sich dabei zeigen wird, dass der Bericht immer wieder die im Folgenden kritisierten Argumentationsmuster auch teilt, ist davon auszugehen, dass er insgesamt zu einer Versachlichung und größeren Differenziertheit der Debatte beitragen wird.

6 Als Plädoyer für einen faktenbasierten Bezug auf die Welt und zu dessen Relevanz für einen angemessenen politischen Umgang mit sozialen Problemen siehe Rosling et al. 2020.

Aufgrund der persönlichen Forschungserfahrungen des Autors richtet sich der Text ausschließlich auf und an letzteren Personenkreis und nicht auf und an diejenigen, die der wachsenden Multikulturalität der deutschen Gesellschaft abwehrend gegenüberstehen[7]. Wie hoffentlich an jeder Station des Textes klar werden wird, ist mit der an ersterer Gruppe geübten Kritik an keinem Punkt eine Zustimmung zu den Positionen des zweiten Personenkreises verbunden. Eine selektive und verfälschende Inanspruchnahme der präsentierten Argumente durch fremdenfeindliche und rechtspopulistische Positionen ist allerdings kaum auszuschließen, kann nach Meinung des Autors aber keinen Grund dafür darstellen, sie aus der Debatte auszuklammern.

Das wesentliche Anliegen des Textes besteht darin, durch die Offenlegung und Kritik theoretisch und empirisch nicht haltbarer und dogmatisch verfestigter Annahmen in Bezug auf das Zusammenleben von Gruppen mit unterschiedlicher ethnisch-kultureller Herkunft zu der erforderlichen rationalen und empirisch fundierten Debatte beizutragen. Der Text besitzt also in erster Linie kein ‚politisches' Anliegen, sondern wird sich ausschließlich am Leitwert der ‚Wahrheit' (verstanden als logische Stimmigkeit und empirische Triftigkeit) orientieren. Im Hintergrund steht allerdings die Annahme, dass ein weniger ‚ideologisch' geprägter Umgang mit dem Integrationsthema es auch ermöglichen könnte, falsche politische Frontstellungen aufzuweichen, und insofern auch im politischen Bereich zu einem rationaleren Umgang mit dem Thema beitragen könnte. Diese Annahme betrifft auch die politische Wirksamkeit rationaler Argumente und empirischer Befunde zu Schwierigkeiten im Integrationsprozess in Bezug auf die o.g. fremdenfeindlichen und rechtspopulistischen Positionen: Es wird davon ausgegangen, dass eine argumentativ unstimmige, vereinseitigende und beschönigende Präsentation solcher Befunde auf lange Sicht keineswegs zu einer Schwächung solcher Positionen führt,

---

7 Als Text, der eine vergleichbare ‚versachlichende' Motivation in Bezug auf dieses Segment der Integrationsdebatte und seine im Vergleich zu den im Folgenden kritisierten Einseitigkeiten und Verfälschungen deutlich massiveren ‚Mythenbildungen' besitzt, siehe Haller 2019.

sondern sie tatsächlich sogar stärkt, indem sie ihrer Kritik am Mainstream der Integrationsdebatte ein Stück weit an Legitimität verschafft.

Der Text wird sachlich weitgehend um zwei Fragestellungen kreisen, die aber im kritisierten Integrationsdiskurs durchaus in einem systematischen Zusammenhang stehen:

- Zum einen geht es um die Frage der Relevanz, die ethnisch-kulturellen Unterschieden und Gemeinsamkeiten für die Beziehung von Gruppen mit unterschiedlicher ethnisch-kultureller Herkunft zukommt. Dabei wird davon ausgegangen, dass die hierbei diagnostizierten Fehlschlüsse, Paradoxien und Dogmen auch damit zusammenhängen, dass die Soziologie - als zentrale Bezugswissenschaft für die Beschäftigung mit diesem Thema - die Relevanz ethnisch-kultureller Einflussfaktoren für die Erklärung der Beziehungen zwischen sozialen Gruppen immer wieder grundsätzlich in Frage gestellt hat[8]. Größerer Einfluss wird der ‚Verminung' dieses Feldes in der deutschen Debatte zugeschrieben werden, wie sie sich aus der spezifischen Inanspruchnahme rassistischer Argumentationsmuster und Praktiken in den dunkelsten Zeiten der deutschen Geschichte ergeben hat.
- Zum anderen wird sich der Text mit den argumentativ fehlerhaften und häufig ideologisch motivierten Annahmen zur Beziehung zwischen Mehrheitsgesellschaft und Minderheitengruppen in der Integrationsdebatte und deren Folgen für eine verzerrte und manchmal sogar die Tatsachen verfälschende Wahrnehmung dieser Beziehung befassen.

Insgesamt soll zwar diese kritische Intention im Vordergrund stehen; anknüpfend an den Aufweis, wie das jeweils anstehende Thema sinnvollerweise n i c h t angegangen werden sollte, wird der Text aber auch konzeptionelle und forschungsstrategische Hinweise dazu geben, in welche Richtung eine angemessenere Behand-

8 Zu diesem „Versagen der Soziologie" siehe beispielsweise und für die soziologische Debatte in Deutschland einflussreich Hondrich 1992.

lung des Themas anzugehen wäre. Schließlich sollen zumindest-punktuell auch offene Fragen formuliert werden, die im Rahmen eines solchen alternativen Zugangs zum Thema vertiefend zu behandeln wären.

But people depend on community in ways that go beyond ... economic and security benefits. They need a common culture and particularly a common language even to have personalities, ... we can only have the thoughts, and ambitions, and convictions that are possible within the vocabulary that language and culture provide, so we are all, in a patent and deep way, the creatures of the community as a whole.
(Ronald Dworkin 1989: 488)

I. Does culture matter?[9] Dogmen, Paradoxien und Fehlschlüsse der Kulturalismuskritik

Nicht überraschenderweise stellt die Relevanz herkunftsbestimmter kultureller Unterschiede zwischen Gruppen mit unterschiedlicher ethnisch-nationaler Herkunft eine der Grundfragen in der Beschäftigung mit den Beziehungen zwischen solchen Gruppen (und somit auch für die Integrationsperspektiven zwischen ihnen) dar. Häufig wird die Beantwortung dieser Grundfrage in paradoxer Form vorgenommen oder wird dieses auf den ersten Blick wesentliche Element des Zusammenlebens solcher Gruppen auf Basis unterschiedlicher Fehlschlüsse in seiner Bedeutung relativiert, wenn nicht gar geleugnet.

Interkulturelle Belange ohne Kultur?

Der Autor war lange Zeit in einer nordrhein-westfälischen Großstadt für seine Abteilung in der Verwaltung dieser Stadt als eine Art ‚Ombudsmann für interkulturelle Angelegenheiten' tätig. Diese institutionelle Figur ist vermutlich einzigartig in der kommunalen Landschaft der Bundesrepublik; ihre Aufgabe besteht darin, in den Ämtern und Abteilungen der Stadtverwaltung als Ansprechpartner für Missverständnisse, Probleme und Konflikte zur

9 Diese Frage stellt sich Raquel Fernández in ihrem 2010 verfassten Beitrag, gibt ihr anders als die im Folgenden benannten Diskurse aber eine positive Antwort.

Verfügung zu stehen, die sich zwischen Mitarbeitern oder zwischen ihnen und der jeweiligen Leitung aus ihrer unterschiedlichen kulturellen Herkunft ergeben.

Zur Wahrnehmung dieser Funktion gehört ein regelmäßiger Austausch zwischen diesen ‚Ombudsmännern' (die tatsächlich doch häufiger ‚Ombudsfrauen' waren) zu entsprechenden Erfahrungen in ihren Ämtern und Abteilungen und zu sozialen, politischen, rechtlichen und kulturellen Fragen, die das Zusammenleben unterschiedlicher Herkunftsgruppen im Allgemeinen betreffen. Daraus ist im Laufe der Jahre ein intensiver, weitgefächerter und fruchtbarer Austausch über solche Fragen entstanden.

Ein keineswegs marginales Thema für diesen Arbeitskontext hat dabei über die Jahre hinweg immer wieder zu ‚Schlagabtäuschen' und einer für den Autor höchst unbefriedigenden Dynamik geführt, nämlich die Rolle, die kulturellen Differenzen für die Beziehung zwischen unterschiedlichen Herkunftsgruppen zuzuschreiben ist.

Solange sich die Auseinandersetzung um konkrete Probleme des Zusammen-, Nebeneinander- oder Gegeneinanderhandelns von Beschäftigten drehte, wie sie aus ihrem unterschiedlichen ethnisch-kulturellen Hintergrund hervorgehen, erbrachte die Diskussion regelmäßig interessante Hinweise für ein besseres Verständnis der zugrunde liegenden Beziehungsmuster. Sobald die Debatte sich von da aus aber der grundsätzlichen Bedeutung eines solchen Hintergrunds für die Einstellungen und das Verhalten der Betroffenen zuwandte, nahm die Diskussion regelmäßig eine für den Autor überraschende Wende: Auf dieser programmatischen Ebene wurde die Relevanz ethnisch-kultureller Differenzen für unterschiedliches und immer wieder auch konflikthaftes Handeln (und in der Folge auch die Sinnhaftigkeit einer begrifflichen Unterscheidung und Datenerhebung entlang solcher Differenzen) vehement in Frage gestellt. Auf dieser Ebene wurden dann eher andersartige soziale oder betriebsbedingte Hintergründe für die existierenden Probleme und Konflikte verantwortlich gemacht.

Die über Jahre immer wieder aufgeworfene Frage an einen solchen Konsens, worauf unter diesen Voraussetzungen die Legitimation unserer Aufgabe als inter*kulturelle* Ombudspersonen beruht, hat zwar regelmäßig kurzfristige Irritationen erzeugt, aber in keinem Fall zu einer ernsthaften Infragestellung dieses Konsenses geführt. Weitergehend diskutiert wurde diese Frage nie, obwohl sie die Grundfesten der eigenen Arbeit betraf; regelmäßig wurde hingegen im Anschluss an solche Irritationen zur Tagesordnung übergegangen und bei nächster Gelegenheit der offensichtlich nicht im Geringsten erschütterte Konsens mit derselben Selbstverständlichkeit propagiert[10].

Nun ist es so, dass der Autor irgendwann dieses Thema von sich aus auch nicht mehr auf die Tagesordnung gesetzt, sondern ‚geschwiegen' hat, was zum Teil mit Intuitionen und Befürchtungen hinsichtlich einer zunehmenden Außenseiterposition in der Gruppe zu tun hatte. Ob solche Gefühle und Ängste realitätsangemessen waren, ließ sich aufgrund seines ‚Schweigens' nicht definitiv überprüfen.

Der Sache nach deuten sich hier schon zwei ‚Anomalien' des Integrationsdiskurses an, die im Weiteren an Beispielen aus der empirischen Forschung und theoretischen Diskussion verdeutlicht und konkretisiert werden sollen:

- zunächst die ‚paradoxe' Grundstruktur des Umgangs mit kultureller Differenz: In einem ersten Schritt wird hierbei ethnisch-kulturelle Differenz – als Anlass für vermittelnde Interventionen und sogar die Schaffung einer institutionellen Figur – als konstitutiv für das eigene Handeln und Denken unterstellt; im zweiten Schritt führt die argumentative Umsetzung dieses Anliegens dazu, die Relevanz eines sol-

10 Dieses Paradox kennzeichnet allerdings nicht nur den hier beschriebenen Arbeitszusammenhang. In interkulturellen Diskussionskontexten trifft man immer wieder in denselben Argumentationszusammenhängen einerseits auf die Forderung, im Rahmen von interkultureller Öffnung und Kultursensibilität unterschiedlichen kulturellen Orientierungen der beteiligten Gruppen gerecht zu werden, andererseits auf die Leugnung der Existenz bzw. der Relevanz solcher Unterschiede. Zur selbstverständlichen Bedeutung eines „kulturtheoretischen Referenzrahmens" für die Verortung von Prozessen interkultureller Öffnung siehe z.B. Steixner 2007 und Griese/Marburger 2012: 11ff.

chen grundlegenden Elements zu relativieren oder gar vollständig in Frage zu stellen – und sich damit in gewisser Weise den Ast abzusägen, auf dem man sitzt.

- dann der ‚dogmatische' Umgang mit den entsprechenden ‚dekonstruierenden' Annahmen: Sicherlich kann man die vorgestellte These der Nicht-Existenz bzw. Irrelevanz von kulturellen Unterschieden vertreten, und im Weiteren wird deutlich werden, dass die These, wenn auch in raffinierterer Form, weitverbreitet in der Integrationsdebatte ist. Und natürlich ist es auch durchaus legitim, an seinen entsprechenden Überzeugungen trotz ihrer kritischen Infragestellung festzuhalten. Keineswegs nachvollziehbar ist aber, dass eine solche Infragestellung in keinem Fall (und dies über die Jahre hinweg) zu einer ernsthaften Befassung mit den kritischen Argumenten geführt hat, sondern eher von einer schon fast gebetsmühlenartigen Wiederholung der kritisierten Überzeugungen begleitet war. An die Stelle des Eintritts in einen ergebnisoffenen Diskurs tritt so die hartnäckige und fortgesetzte Weigerung, die eigene Position gegenüber kritischen Argumenten und Daten in Frage zu stellen – und das ganz unabhängig von der Stimmigkeit der Argumente und der Triftigkeit der Daten.

Du sollst meinen Namen nicht nennen (und Dir schon gar kein Bildnis von mir machen)

Ein ähnliches Paradox im Umgang mit ethnisch-kulturellen Zuschreibungen betrifft die Frage der Roma-Zugehörigkeit von Personen, im konkreten Fall von im Rahmen der EU-Arbeitnehmerfreizügigkeit nach Deutschland zugewanderten bulgarischen und rumänischen Staatsangehörigen.

Im Vorfeld einer Feldstudie zu deren Lebenssituation in der besagten nordrhein-westfälischen Großstadt hat der Autor an einer Vortrags- und Diskussionsveranstaltung zur Entrechtung, Verfolgung und Diskriminierung der Roma-Gruppe teilgenommen. Im Rahmen dieser Veranstaltung hielt ein Vertreter einer nordrhein-westfälischen Roma-Jugendselbstorganisation einen sehr differenzierten und informierten Vortrag zur Art und Weise, wie Roma-Jugendliche in ihrem Selbstbild und ihrer Außenpräsentation mit ihrer Roma-Herkunft umgehen. In der Gewissheit, es hier mit einem höchst kompetenten Ansprechpartner zu tun zu haben, hat der Autor anschließend mit Blick auf die geplante Studie die Frage an ihn gestellt, ob und in welcher Form man in einer solchen Studie Roma-Zugehörigkeit der Befragten erheben solle.

Die zumindest für den Autor verblüffende Antwort darauf war die, dass Roma-Zugehörigkeit überhaupt nicht erfasst werden solle, da diese Zugehörigkeit keinerlei Einfluss auf die Einstellungen und das Handeln der befragten Personen nehme. Die Perplexität des Autors angesichts dieser Einschätzung war selbstverständlich deshalb so ausgeprägt, weil diese (ihm schon bekannte) Position von einer Person vertreten wurde, die wenige Minuten vorher umfangreich und differenziert darüber berichtet hatte, wie das Selbstbild und das Handeln von Roma-Jugendlichen entscheidend von ihrer Roma-Herkunft beeinflusst werden.

Überraschter war der Autor noch darüber, dass dieser offenkundige Widerspruch ansonsten niemandem in der Zuhörerschaft aufgefallen zu sein schien. Vielmehr teilten bis auf eine Ausnahme alle Diskutanten (einschließlich der anwesenden Vertreterin des zuständigen NRW-Ministeriums) die Meinung des Referenten, es sei nicht notwendig und darüber hinaus auch nicht statthaft, in sozialwissenschaftlichen Untersuchungen Roma-Zugehörigkeit zu erheben. Letzterem normativen Argument wurde von einer der Diskutantinnen besonderes Gewicht durch den Hinweis darauf gegeben, dass man ja erlebt habe, zu welchen unheilvollen Konsequenzen ‚ethnische Etikettierung' in der deutschen Geschichte geführt habe, und man mit der Verwendung solcher Zuschreibungen fortexistierenden und wiederbelebten rassistischen Vorurteilen gegenüber der Roma-Gruppe in die Hände spiele. Gegenüber dieser argumentativen ‚Keule' hat wiederum keiner der Anwesenden den Autor in Schutz genommen und so war er nach dieser Veranstaltung tatsächlich ziemlich ‚geplättet'. Klar geworden ist ihm aber durch dieses Erlebnis endgültig, wie ‚vermint' dieses Gelände angesichts der deutschen Geschichte ist.

Da das geplante Projekt schließlich durchgeführt worden ist, hatte die Auseinandersetzung über die Erhebung und Interpretation von Roma-Zugehörigkeit kein Ende. Vielmehr fand die oben skizzierte Debatte (auch aufgrund partieller personeller Überschneidungen zu der oben dargestellten Diskussionsveranstaltung) im Beirat des Projektes eine Neuauflage. Erneut wurden von der einen Seite die schon bekannten Argumente ins Feld geführt: Zum einen erbringe die Berücksichtigung der Roma-Zugehörigkeit der zu Befragenden keinen *wissenschaftlichen* Mehrwert, weil sie keinerlei Erklärungskraft für deren Verhalten und Einstellungen besäße; zum anderen sei sie auch *politisch-normativ* hoch problematisch, da sie auf dem Hintergrund des Genozids an der Roma-Bevölkerung im nationalsozialistischen Deutschland und der weiter in der Bevölkerung gegenüber den Roma bestehenden massiven Vorurteile und Diskriminierungen eine Verstärkung dieser Abwertung und Benachteiligung darstelle. Entgegengehalten wurde dem - vor allem von einem Teil der anwesenden Wissenschaftler -, dass dieser historische und politische Kontext zwar durchaus zu berücksichtigen sei, aber allein eine Benennung der Roma-Zugehörigkeit und eine diese berücksichtigende empirische Auswertung noch nicht mit solchen schwerwiegenden Folgen verbunden sei; darüber hinaus seien die vorgebrachten Bedenken kein hinreichender Grund dafür, für eine wissenschaftliche Untersuchung der Lebenssituation dieser benachteiligten Gruppe möglicherweise relevante Daten nicht zu erheben. Dies gelte schließlich nicht nur in wissenschaftlich-akademischer, sondern auch in handlungs- und förderbezogener Hinsicht: Nur die Kenntnis der spezifischen Potenziale und Probleme benachteiligter Gruppen ermögliche eine gezielte, gegebenenfalls auch kultursensible politische Einflussnahme im Sinne der Verbesserung der Situation dieser Gruppe (und schließlich auch die Einwerbung von geeigneten Fördermitteln aus den für spezifische Gruppen vorgesehenen nationalen und internationalen

Programmen – die sich nicht selten speziell auf die Gruppe der Roma beziehen)[11].

Resultat dieser intellektuell und emotional hoch intensiven Diskussion war die mehrheitliche Einigung darauf, Roma-Zugehörigkeit ausschließlich aus der Perspektive der Befragten zu erheben, d.h. nur dann zu konstatieren, wenn sich die Befragten auf eine allgemeine Anfrage nach einer eventuellen Zugehörigkeit zu einer ethnisch-kulturellen Gruppe ausdrücklich als Roma bezeichnen würden[12]. (Dieser Kompromiss hat dazu geführt, dass sich die beiden Vertreter der nordrhein-westfälischen Roma-Selbstorganisationen unter Protest aus dem Beirat zurückgezogen haben.)

Auf Basis dieses Votums des Projektbeirats ist in den Projektfragebogen eine entsprechende offene Frage eingefügt worden. Im Verlauf der Befragung ist zumindest bei den rumänischen Befragten deutlich geworden, dass sie ganz offen mit ihrer Roma-Zugehörigkeit umgehen, während die bulgarischen Befragten sich in der überwiegenden Mehrzahl einer auf bulgarischem Territorium lebenden türkischen Minderheit zuordneten.

So boten die Rohdaten eine gute Basis für eine Interpretation der Befunde auch entlang des Merkmals ‚Roma-Zugehörigkeit – Nicht-Roma-Zugehörigkeit'. Der Weg hin zu einer entsprechenden Auswertung war damit keineswegs geebnet. Der für die Auswertung zuständige Projektmitarbeiter, der in den vorangegangenen Diskussionen ebenfalls für die Erhebung von Roma-Zugehörigkeit plädiert hatte, war in einem ersten Schritt nicht dazu zu bewegen, dieses Merkmal auch tatsächlich auszuwerten, also anhand der Befragungsergebnisse zu überprüfen, ob es systematische Unterschiede in den erhobenen Merkmalen zwischen Befragten mit und ohne Roma-Hintergrund gebe. Eine schlüssige Antwort auf die Frage, warum dieses Merkmal überhaupt erhoben worden sei, wenn es anschließend nicht ausgewertet werden solle, konnte er

11 Zur Frage, ob man in Bezug auf die Zuwanderung aus Südosteuropa, „von Roma sprechen darf, soll oder muss" siehe Matter 2015b. Kritisch zum Realitätsgehalt der Vorurteile gegenüber Roma siehe Mappes-Niediek 2013.

12 Dies entspricht der in Artikel 3 des ‚Rahmenübereinkommens zum Schutz nationaler Minderheiten' des Europarats festgelegten Freiwilligkeit der Selbstzuordnung zu einer nationalen Minderheit. Siehe Europarat 1995.

nicht geben. Erst aufgrund des Insistierens der Projektleitung ist eine entsprechende Auswertung vollzogen worden, die in mehreren wesentlichen Merkmalen deutliche Differenzen zwischen Befragten mit und ohne Roma-Zugehörigkeit (in vielen anderen Hinsichten aber keine solchen Unterschiede) erbrachte.

Zum einen war der Anteil an Roma-Angehörigen an den rumänischen Befragten deutlich höher als an den bulgarischen und die soziale Situation der rumänischen Zuwanderer im Heimatland genauso wie im Einwanderungskontext deutlich schlechter als diejenige der bulgarischen; zum anderen war unter den Befragten mit Roma-Hintergrund die Kinderzahl deutlich höher als bei denjenigen ohne Roma-Hintergrund; schließlich waren alle Personen in der Gesamtstichprobe ohne jegliche Schulerfahrung Roma und der deutlich überwiegende Teil von ihnen weiblich.

Hier soll es nicht um die Aussagekraft solcher Befunde im Sinne einer ursächlichen Beziehung zwischen problematischen Befragtenmerkmalen und ihrer Roma-Zugehörigkeit gehen. Allein schon wegen des geringen Stichprobenumfangs der Befragung kann eine solche kausale Interpretation methodisch in Frage gestellt werden. Der Sache nach können die aufgewiesenen Unterschiede zwischen der bulgarischen und der rumänischen Gruppe und innerhalb der rumänischen Gruppe durchaus auch auf andersartigen, nicht-ethnischen Gründen beruhen. Beispielsweise konnte im Projekt nicht abschließend geklärt werden, ob die große Kinderzahl der befragten Roma mit ihrer Roma-Herkunft oder mit ihrer Mitgliedschaft in einer religiösen Gemeinschaft mit sehr rigiden Regeln in Bezug auf Empfängnisverhütung zusammenhängt.

Kaum bezweifelbar ist die Tatsache, *dass* solche Unterschiede in der Wirklichkeit beider Gruppen existieren und diese für eine weitere Untersuchung der für sie verantwortlichen Bedingungen zunächst einmal empirisch festgehalten werden müssen – will man sich nicht aus politisch-normativen Vorentscheidungen schon im Ausgangspunkt wichtige Erkenntnismöglichkeiten verschließen.

Wie sich gezeigt hat, existiert diesbezüglich eine mehrfache ‚Verweigerungshaltung', die beginnt bei der Datenerhebung, sich fortsetzt in Bezug auf die Auswertung der existierenden Daten und schließlich auch in einem instrumentellen Umgang mit alternativen Erklärungen Ausdruck findet.

In den Blick geraten spezifische Merkmale von Roma-Zuwanderern und ihrer Lebenssituation meist nur, wenn es darum geht, die Vorurteile der Mehrheitsgesellschaft und deren mediale Inszenierungen in Bezug auf diese Gruppen kritisch zu hinterfragen. Inwieweit solche ohne Zweifel auf Seiten der Mehrheitsgesellschaft vorhandenen vereinseitigenden Sichtweisen in tatsächlich existierenden Problemen im Zusammenleben mit diesen Gruppen ihren Ausgangspunkt und Nährboden finden, bleibt regelmäßig ausgeblendet[13].

Terminologischer Exkurs: zur Definition zentraler Begriffe

Um gerade in diesem ‚verminten Gelände' Missverständnisse allein schon aufgrund der Wortwahl zu vermeiden, ist es notwendig, einige der im Text verwendeten Termini zu erläutern.

Dies betrifft zunächst die verwendeten Bezeichnungen für die an Integrationsbeziehungen beteiligten Gruppen. Aus Sicht des Autors ist die einzige begriffliche Differenzierung, welche die in Beziehung zu setzenden zwei Großgruppen angemessen erfasst, diejenige zwischen Personen mit und Personen ohne Migrationshintergrund[14]. Allerdings ist die durchgängige Verwendung einer derart schwerfälligen Formulierung aus sprachlichen Gründen ausgeschlossen. Im Folgenden werden von daher Personen, die

13 Siehe hierzu beispielsweise Krauß 2016. Auf die Sichtverengung im Mainstream-Integrationsdiskurs auf die Umgangsweise der Mehrheitsgesellschaft mit Zuwanderungsprozessen wird unten noch näher einzugehen sein.

14 Zu Geschichte und Definition von ‚Migrationshintergrund' siehe Böckler/Schmitz-Veltin 2013. Zu den mit diesem Begriff verbundenen Schwierigkeiten siehe El-Mafaalani 2018: 50ff. und im weiteren Text. Eine differenzierte kritische Auseinandersetzung mit diesem Terminus findet sich auch bei der Fachkommission Integrationsfähigkeit (2021), mit der Konsequenz seiner Verabschiedung und Ersetzung durch den komplexen Terminus ‚Eingewanderte und ihre (direkten) Nachkommen'. Ob dieser Terminus die missliche definitorische Situation rund um die Beschreibung von Zuwanderergruppen verbessert, kann bezweifelt werden (und ist in abweichenden Voten innerhalb der Fachkommission auch bezweifelt worden). Siehe hierzu Böckler 2021.

selbst nach Deutschland zugewandert sind oder ein zugewandertes Elternteil, also im gängigen Sinne einen Migrationshintergrund besitzen, mit dem im strengen Sinn unkorrekten Terminus ‚Zuwanderer' bezeichnet; Personen, deren beide Elternteile schon in Deutschland geboren sind, die also keinen Migrationshintergrund mehr aufweisen, werden als ‚Einheimische' bezeichnet. Die Frage der Staatsangehörigkeit der betreffenden Personen genauso wie die des angemessenen Umgangs mit der dritten Zuwanderergeneration wird damit ausgeblendet. Insbesondere in Bezug auf die Angehörigen der dritten Zuwanderergeneration ist zu fragen, inwiefern sie oder zumindest Teile von ihnen nicht in vielerlei Hinsicht größere Gemeinsamkeiten zu den Mitgliedern der ersten und zweiten Generation ihrer Herkunftsgruppe aufweisen als zu den sonstigen Personen ohne Migrationshintergrund. Für die Identifikation von sich über Generationen zu ethnisch-kulturellen Minderheiten verfestigenden Zuwanderergruppen ist der Begriff des Migrationshintergrunds demnach nicht geeignet. Als weitere Gruppenbezeichnung wird im Folgenden der Begriff ‚Mehrheitsbevölkerung' verwendet: Er zielt auf diejenige mehrheitliche Gruppe unter den ‚Einheimischen', die durch die traditionellen Werte und sozialen Netzwerke des jeweiligen Einwanderungslandes geprägt sind; im Regelfall gehören hierzu Personen, deren Vorfahren schon seit vielen Generationen im Einwanderungsland leben[15]. Mehr oder weniger synonym hierzu wird der Begriff der ‚Mehrheitsgesellschaft' verwendet, obwohl hier auch die institutionellen Formen, die sich die Mehrheitsbevölkerung gegeben hat, mitgedacht sind[16].

Ein besonderes Risiko von Missverständnissen ist mit der Verwendung des für den Text grundlegenden Terminus ‚ethnisch-kulturell' und des von ihm abgeleiteten der ‚ethnisch-kulturellen

15 Zu den Schwierigkeiten einer angemessenen und handhabbaren Definition der an Integrationsprozessen beteiligten Gruppen siehe Neue deutsche Medienmacher 2013.

16 Kritisch zum Begriff der ‚Mehrheitsgesellschaft' hat sich neuerdings die Fachkommission Integrationsfähigkeit (2021: 2) geäußert. Dieser Kritik liegt der Versuch einer Neufassung des ‚Deutschseins' zugrunde, der aus Sicht des Autors verschiedene der von ihm kritisierten Argumentationsmuster voraussetzt.

Gruppe' verbunden. Gerade angesichts der im Text selbst kritisierten Ausweitung einer ,rassismusbezogenen' Terminologie ist auf den grundlegenden Unterschied der mit einer ethnisch-kulturellen Begrifflichkeit bezeichneten sozialen Tatbestände zu biologistisch basierten Argumentationsmustern hinzuweisen[17]. Um diesen Unterschied von vornherein zu markieren, ist im Text das im angelsächsischen Sprachraum gebräuchliche Wortfeld um den Begriff der ,Ethnie' um den kulturellen Aspekt erweitert worden (der allerdings im Ethniebegriff immer schon mitgedacht war). Damit soll ausdrücklich darauf hingewiesen werden, dass die unter dieser Begrifflichkeit zusammengefassten Merkmale und Gruppen eine genuin kulturelle Grundlage besitzen. Solche Grundlagen sind nicht in gemeinsamen genetischen Merkmalen der Gesellschaftsmitglieder verankert und werden nicht durch biologische Prozesse der Vererbung weitergegeben, sondern bilden sich in sozialen und kommunikativen Zusammenhängen heraus und werden in Prozessen der kulturellen Tradierung, z.B. über gruppenbezogene frühkindliche und lebenslange Sozialisationsprozesse, weitergegeben. Es handelt sich hierbei um kulturelle Merkmale wie Sprache, Religion und Wertorientierungen, die in ,ethnisch-kulturellen Gruppen' geteilt werden.

Bei diesen Gruppen handelt es sich um einen speziellen Typus von ,kulturellen Gruppen', nämlich abstammungsbasierten (und nicht um beispielsweise durch gemeinsame soziale Herkunft gebildete Gruppen und ihre ,Klassenkulturen'). Solche Gruppen sind dadurch definiert, dass sich ihre aktuellen kulturellen Gemeinsamkeiten aus der (tatsächlichen oder geglaubten[18]) Zugehörigkeit zu Abstammungsnetzwerken ergeben. Ausgegangen wird dabei da-

---

17 Zu diesem grundlegenden Unterschied siehe bereits Max Weber 1980 (1922): 234f. und Rex 1990. Anderson (1993: 142-154) hat gezeigt, dass auch Rassismus und Nationalismus auf grundsätzlich anderen Wirklichkeitsbezügen beruhen.

18 Inwieweit solche Zugehörigkeiten im Fall gesellschaftlicher Großgruppen auf tatsächlichen oder nur fiktiven genealogischen Beziehungen beruhen, ist in der ethnosoziologischen Debatte umstritten. Siehe hierzu klassisch erneut Weber 1980 (1922): 234-244 und in den 1990er Jahren Smith 1992: 69-74, Roosens 1994 und Hondrich 1998. Zusammenfassende Darstellungen der Debatte finden sich in Heckmann 1997 und Böckler 1999b: 326ff.

von, dass solche genealogischen Netzwerke aufgrund ihrer primären Sozialisations- und Vergesellschaftungsfunktion ein hohes Ausmaß an kultureller Gemeinsamkeit herstellen; in keinem Fall wird hierbei die Herausbildung von Merkmalen und ihre Tradierung selbst als genetisch gesteuerter Prozess unterstellt. Insofern ist also eine strenge Trennlinie zwischen den Konzepten der ‚Rasse' und der ‚Ethnie' zu ziehen, die, wie noch zu sehen sein wird, in aktuellen Debatten immer wieder verwischt wird.

‚Ethnisch-kulturelle Gruppen' bilden sich aufgrund solcher kulturellen Gemeinsamkeiten erst dann heraus, wenn solche ‚kategorialen' Gemeinsamkeiten von engen und regelmäßigen Sozialkontakten zwischen den Gruppenmitgliedern und einer Wir-Gruppen-Definition der Mitglieder gestützt werden[19]. Der Text wird sich im Weiteren auf die ‚kategoriale' Ebene der kulturellen Gemeinsamkeiten konzentrieren[20].

Ethnisierung online und offline oder von der Scheinheiligkeit von Integrationsdiskursen

Vor einigen Jahren hat der Autor im Auftrag der schon genannten NRW-Stadt eine Befragung zum Stand der Integration zwischen Einheimischen und Zuwanderern in dieser Stadt koordiniert[21]. Im Fragebogen wurde nicht nur nach dem Migrationshintergrund der Interviewten gefragt, sondern auch nach ihrem Herkunftsland bzw. demjenigen ihrer Eltern. Geplant war auf dieser Basis eine Auswertung der Daten nach nationalen Herkunftsgruppen, um so ein möglichst hohes Maß an Gruppendifferenzierung zu erreichen.

19 Diese Aspekte der Konstitution von ethnischen Gruppen spiegeln sich im Integrationsprozess solcher Gruppen in den von Esser (2001a: 22) formulierten und inzwischen breit rezipierten Grunddimensionen des Integrationsprozesses wider. Zu den entsprechenden Aspekten von Kulturation, Interaktion und Identifikation siehe auch Esser 2001b.

20 Zur Ethnizitätsterminologie siehe die inzwischen klassische Arbeit von Isajiw 1974 und Heckmann 1992: 30-58 und 2015: 259f.

21 Zu den Ergebnissen dieser Studie siehe Böckler et al. 2009.

Von Mitgliedern der Projektgruppe selbst, aber vor allem von Seiten der städtischen Auftraggeber sind allerdings schwerwiegende Bedenken gegenüber einem solchen Vorgehen formuliert worden: Die Berücksichtigung der nationalen Herkunft der Befragten lege diese auf ihre ethnisch-nationale Prägung fest, stelle ein Präjudiz für eine Ursachenzuschreibung an eine solche Prägung dar und führe auf diesem Weg zu einer Verfestigung ethnischer Vorurteile und Stereotype. Ergebnis langer Diskussionsprozesse (bei denen aus ersichtlichen institutionellen Gründen von Anfang an klar war, wessen Position sich letztendlich durchsetzen würde) war schließlich die Rücknahme der ursprünglichen Absicht. Ausgewertet wurden in der Folge nicht mehr die Herkunftsländer der befragten Zuwanderer, sondern ihr Rechtsstatus als Ausländer, Eingebürgerte und Aussiedler.

Abgesehen davon, dass diese Differenzierung auch zu aussagekräftigen Ergebnissen geführt hat, war das Nachspiel des Diskussionsprozesses vielsagend: Im selben Gespräch zwischen Projektmitarbeitern und Auftraggeberin, in dem diese Umorientierung definitiv entschieden wurde, fand nach Beendigung des formellen Teils der Sitzung eine intensive Diskussion zwischen den teilnehmenden deutschen, türkeistämmigen und italienischen Kollegen über die unterschiedliche bzw. gemeinsame Arbeitshaltung von Türken, Italienern und Deutschen (und weitere Unterschiede zwischen ihnen) statt, die den Autor seinen Ohren nicht hat glauben lassen.

Einige Monate nach der Veröffentlichung der Befragungsergebnisse hat die für die o.g. Entscheidung ausschlaggebende städtische Mitarbeiterin beim Forscherteam die Auswertung der Daten nach den Hauptherkunftsländern angefordert, da diese spezifischere Aussagen unter anderem zur Situation der türkeistämmigen Zuwanderer in der Stadt erlaube. Eine Kommentierung beider Vorgänge im Sinne des Titels dieses Kapitels erübrigt sich vermutlich.

Ein etwas schlichtes Weltbild oder: die Alleinverantwortlichkeit des Sozialen

Die Frage nach der Berücksichtigung nationaler Herkunft der Befragten stellte nicht den einzigen Dissenspunkt zwischen Projektbearbeitern und Auftraggebern dar. In der Studie waren einige klassische Items zu Erziehung, Geschlechterbeziehungen und zur Bedeutung von Religion abgefragt worden, um die Befragten in Bezug auf die ‚Modernität' bzw. ‚Traditionalität' ihrer Wertorientierungen einzustufen.

Dabei hatten sich deutliche Differenzen zwischen den Einheimischen und den Zuwanderern ergeben: In allen Items wiesen die Einheimischen ‚modernere' Wertorientierungen auf als die Zuwanderer. Dieser offensichtliche empirische Zusammenhang hatte die Projektmitarbeiter dazu verleitet, hier auch eine ursächliche Beziehung zu unterstellen: Einheimischen wurde aufgrund ihrer Eigenart als Einheimische, Zuwanderern aufgrund ihrer Zuwanderereigenschaft ein unterschiedlicher Grad an kultureller Modernität zugeschrieben. Und dies wurde fälschlicherweise ohne die Berücksichtigung andersartiger Unterschiede zwischen beiden Gruppen (etwa unterschiedlicher Bildungsvoraussetzungen) getan.

Der von Seiten des Auftraggebers mit der Supervision des Projekts beauftragte wissenschaftliche Mitarbeiter (inzwischen ein renommierter Islamwissenschaftler) monierte diese kausale Interpretation sofort, keineswegs aber mit einer methodischen Kritik am Vorgehen, sondern mit einer alternativen Ursachenzuschreibung: Es könne kein Zweifel daran bestehen, dass die aufgewiesenen kulturellen Unterschiede zwischen Einheimischen und Zuwanderern nichts mit ihrem unterschiedlichen ethnisch-kulturellen Hintergrund zu tun hätten; vielmehr seien sie dadurch erklärbar, dass Zuwanderer in der Regel einen geringeren Sozialstatus besäßen und Personen mit einem geringeren Sozialstatus in der Regel traditioneller orientiert seien. Eine empirische Überprüfung dieser These (durch eine multikausale Analyse der Daten) hielt er seinerseits aber ebenfalls nicht für nötig. (Leider wäre eine solche multikausale Analyse dann auch nur höchst eingeschränkt möglich gewesen, weil entscheidende Drittvariablen wie z.B. der familiäre soziale und bildungsmäßige Hintergrund der Befragten nicht erhoben worden war.)

Deutlich wird hier erneut die oben schon angedeutete festgefügte Überzeugung, für Unterschiede zwischen Mitgliedern verschiedener nationaler Herkunftsgruppen seien im Regelfall nicht ethnisch-kulturelle, sondern andersartige, vor allem soziale Faktoren ausschlaggehend - aber auch der Fehlschluss, der im Hintergrund dieser Überzeugung wirksam ist.

Zwar lassen sich gute Argumente und triftige empirische Belege für den Einfluss sozialer Faktoren auf solche Unterschiede beibringen: Dass beispielsweise die Herkunft aus ländlichen Gegenden, die Sozialschicht und das Bildungsniveau der Eltern einen erheblichen Einfluss auf die Wertorientierungen ihrer Kinder nehmen und diese Einflussfaktoren meist ungleich verteilt sind zwischen Gruppen mit unterschiedlicher nationaler Herkunft, lässt sich kaum bestreiten. (Und auszuschließen ist auch nicht, dass von Zuwanderern erlittene oder selbst vollzogene soziale Ausgrenzungen im Einwanderungsland zu einer Verfestigung herkunftsbasierter traditioneller Werte beitragen können.)

Keineswegs folgt daraus aber, dass neben diesen sozialen und bildungsmäßigen Herkunftseinflüssen nicht auch spezifisch ethnisch-kulturelle Faktoren eine Rolle spielen könnten - *außer man ist der Meinung, dass für komplexe gesellschaftliche Phänomene im Regelfall nur eine Art von Ursachen verantwortlich zu machen ist.* Tatsächlich erlaubt es wohl alleine ein solch ‚schlichtes Weltbild' (zu dem sich selbstverständlich niemand offen bekennen würde), zu dem gewünschten Resultat einer Irrelevanz ethnisch-kultureller Einflussfaktoren angesichts des Vorhandenseins andersartiger, sozialer Einflussfaktoren zu gelangen[22].

Auch der Hinweis darauf, dass die empirischen Sozialwissenschaften ein derart monokausales Weltbild von Anbeginn an in Frage gestellt und inzwischen ein elaboriertes Instrumentarium zur Analyse mehrdimensionaler Verursachungszusammenhänge entwickelt haben, kann solche Überzeugungen und die sie stützenden

22 Für eine detailliertere Auseinandersetzung mit diesem Fehlschluss siehe Böckler 2010a.

Hintergrundannahmen kaum erschüttern[23]; jedenfalls werden sie trotz solcher Hinweise mit der schon beschriebenen Hartnäckigkeit weiter proklamiert. (In Bezug auf die hier interessierende Frage ist anzumerken, dass im Rahmen der gängigen multikausalen wissenschaftlichen Analysen der Unterschiede zwischen Herkunftsgruppen ethnisch-kulturelle Merkmale häufig nicht in differenzierter Form berücksichtigt, sondern meist in der Variable ‚Migrationshintergrund' zusammengefasst werden. Diese ist, wie zu sehen sein wird, für die Erfassung solcher Unterschiede nur sehr begrenzt geeignet.)

Mit einem solchen vereinfachten Weltbild versperrt man sich gerade den Zugang zur tatsächlichen Dynamik von Integrationsprozessen: Vieles spricht dafür, dass deren Gelingen oder Misslingen gerade von dem spezifischen Ineinandergreifen sozialer, politischer und kultureller Interaktionsprozesse zwischen den beteiligten Gruppen abhängt. Die Frage, wie eine solche Ko- und Wechselwirkung unterschiedlicher Einflussfaktoren jeweils aussieht (und dementsprechend Integrationsprozesse verlaufen), wird dadurch aber zu einer komplexen Herausforderung an die empirische Forschung: In jedem Einzelfall sind die einflussnehmenden Faktoren, die Art und das relative Gewicht ihres Einflusses und ihre Wechselwirkung zu bestimmen[24].

Im Einzelfall kann sich dabei durchaus zeigen, dass ethnisch-kulturellen Faktoren gegenüber andersartigen Bedingungen eine geringe oder auch gar keine Bedeutung zukommt. Diesen Faktoren aber auf Basis des beschriebenen Fehlschlusses von vornherein und pauschal jeglichen Einfluss abzusprechen, widerspricht einer sol-

---

23 Auf die häufige Selbstbeschränkung der einschlägigen Forschung auf bivariate Auswertungen und die damit verbundenen Risiken hat Esser 2006 (z.B. S. 198 u. S. 285) immer wieder hingewiesen. Ein Beispiel für eine solche Reduktion von Integrationsproblemen auf die nationale Zugehörigkeit der untersuchten Gruppen ist die vom Berlin-Institut für Bevölkerung und Entwicklung 2009 vorgelegte Untersuchung. Siehe hierzu Böckler 2010b.

24 Zur Forderung nach einem entsprechenden „komplexen Forschungsdesign", das dabei die Einstellungen sowohl der Mehrheits- als auch der Minderheitengruppe zu berücksichtigen hat, siehe beispielsweise Schröder et al. 2000: 163.

chen analytischen Orientierung an der Komplexität von Integrationsprozessen und steht eher für eine ideologisch motivierte Reduktion dieser Komplexität.

Die Überzeugung, dass herkunftsbedingten kulturellen Prägungen keine oder bestenfalls untergeordnete Relevanz für das Handeln von Herkunftsgruppen und ihre Beziehungen untereinander zukommt, wird im Integrationsdiskurses mit einer Vielzahl differenzierterer Argumentationsmuster zu unterlegen versucht, um die es im Folgenden gehen wird.

Den Wald vor lauter Bäumen nicht oder von Äpfeln und Birnen

Das in diesem Zusammenhang vermutlich schlagkräftigste Argumentationsmuster basiert auf differenzierungstheoretischen Überlegungen.

Ausgegangen wird von der Tatsache, dass soziale Gruppen generell dadurch charakterisiert sind, dass das sie definierende Merkmal Mitglieder zusammenbindet, die eine Mehrzahl von darüber hinausgehenden gemeinsamen Merkmalen aufweisen. Nur auf dieser Basis ist davon auszugehen, dass die Zugehörigkeit zur jeweiligen Gruppe es erlaubt, auch eine Vielzahl weiterer Merkmale ihrer Mitglieder zu erklären. Dies gilt auch für Gruppen, die über ihre gemeinsame nationale Herkunft definiert werden und deren gemeinsamen kulturellen Orientierungen eine Beschreibungs- und Erklärungsrelevanz zugeschrieben wird. Nur wenn die Zugehörigkeit zu nationalen Herkunftsgruppen mit einem breiten Spektrum von gemeinsamen kulturellen Orientierungen verknüpft ist, macht es Sinn, sie zur Beschreibung und Erklärung der Einstellung und des Handelns ihrer Mitglieder heranzuziehen. Nur dann sagt beispielsweise die deutsche oder italienische Herkunft einer Person etwas über deren Einstellungen und Verhalten aus[25].

An diese Voraussetzung knüpft der angesprochene differenzierungstheoretische Dekonstruktionsversuch der Relevanz von

---

25 Zu solchen kulturellen Homogenitätsvorstellungen und ihrer konstruktivistischen Kritik siehe Spetsmann-Kunkel 2009.

Kultur an: Vor allem aktuelle moderne Gesellschaften sind von einem hohen Maß an kultureller Pluralisierung gekennzeichnet, der großgruppenbezogene kulturelle Gemeinsamkeiten zunehmend in Frage stellt. Für die Mehrheitsbevölkerung in Deutschland bedeutet dies, dass von der Existenz einer übergreifenden ‚deutschen Kultur' nicht mehr ausgegangen werden kann[26]; und auch die einzelnen Zuwanderergruppen, die aufgrund einer möglicherweise einheitlicheren Herkunftskultur in dieser Hinsicht günstigere Voraussetzungen aufweisen, sind gerade im Migrationskontext von einem ausgeprägten kulturellen Diversifizierungsprozess betroffen, der ihre einheitliche kulturelle Identifikation ausschließt[27].

Dieser Einschätzung kommt insofern Bedeutung zu, als sie es erlaubt, vereinfachende und verdinglichende Sichtweisen auf die ‚Kultur' von Großgruppen in Frage zu stellen und auf deren innere Differenzierung und Brüche hinzuweisen. Dabei ist zu berücksichtigen, dass solche Differenzierungsprozesse keineswegs nur aktuelle moderne Gesellschaften betreffen, sondern in gewisser Weise ein übergreifendes Merkmal solcher Gesellschaften darstellen[28]. Dies schließt selbstverständlich keine Intensivierung dieser Differenzierungsdynamik in der jüngeren Vergangenheit aus.

Sollten solche Differenzierungsprozesse dazu führen, dass zwischen den Mitgliedern gesellschaftlicher Großgruppen keine systematischen und relevanten Unterschiede mehr bestehen, würde es tatsächlich nur noch wenig Sinn machen, die Bevölkerung in Einwanderungsgesellschaften nach ihrer Herkunft zu differenzieren und aufeinander zu beziehen, sondern müssten andersartige

---

26 Zu einer solchen Kritik an nationalen Homogenitätsannahmen siehe beispielsweise Welsch 2017: 13f. und 21f.. Auch Bommes (1994: 368) vertritt diese These einer Unplausibilität der Konstruktion ethnisch-nationaler Wir-Gruppen angesichts fortschreitender Pluralisierungs- und Individualisierungsprozesse. Zu dieser wie auch anderen Dekonstruktionen der ‚deutschen Mehrheitskultur' siehe Sprenger 2014.

27 Siehe hierzu beispielsweise Şen 1996 in Bezug auf die türkeistämmigen Zuwanderer in Deutschland. Zu den gegenläufigen Entwicklungen von „Differenzierung und Homogenisierung in der türkischen Community" siehe Tezcan 2000.

28 Die soziologische Klassik lässt sich zentral als Auseinandersetzung mit den Voraussetzungen und Folgen solcher innergesellschaftlichen Differenzierungsprozesse begreifen. Siehe hierzu insbesondere Simmel 2001.

bzw. stärker individualisierte Differenzierungs- und Bezugsmuster gewählt werden.

Ein erster Zweifel an der Korrektheit dieser Diagnose ergibt sich schon daraus, dass die besagte Pluralisierung von Lebenssituationen nicht nur die kulturellen Orientierungen der in Deutschland lebenden Personen betrifft, sondern in ähnlichem Umfang auch ihre soziale Lage und ihre politischen Orientierungen. In beiden Fällen hat die einschlägige Forschung ähnlich ausgeprägte Differenzierungs- und Diversifizierungsprozesse wie im kulturellen Bereich aufgewiesen[29]. Wendet man das oben genannte Argumentationsmuster auf diese Prozesse an, käme man tatsächlich zu demselben Resultat. Es wäre dann heutzutage offensichtlich auch nicht mehr möglich, Einstellungen und Handeln von Personen aus gemeinsamen sozialen Lagen oder gemeinsamen politischen Orientierungen zu erklären; die Gesellschaft würde immer mehr in ein Aggregat von Individuen zerfallen, zwischen denen keine strukturierenden Gemeinsamkeiten mehr aufzufinden wären. Damit wären auch alternative Erklärungsansätze für die Einstellungen und Verhaltensweisen von Personen mit unterschiedlichem ethnisch-kulturellen Hintergrund (und vermutlich sozialwissenschaftliche Forschung überhaupt) obsolet.

Neben diesen fatalen Konsequenzen auch für andersartige Erklärungsansätze beruht eine solche Argumentation auf einem grundsätzlichen Missverständnis der Rolle, die sozialen Kategorisierungen (und Begriffsbildungen überhaupt) zukommt. Keineswegs ist für die Definition einer sozialen Gruppe (genauso wie für die Zusammenfassung von Gegenständen unter einen Begriff) eine Gemeinsamkeit in allen ihren Merkmalen, d.h. die Abwesenheit jeglicher Differenzierung, Voraussetzung; tatsächlich würde eine solche Anforderung die Möglichkeit von Gruppendefinitionen (und Begriffsbildung) überhaupt ausschließen, weil selbstverständlich keine Person (und kein Gegenstand in der Welt) anderen Personen (oder anderen Gegenständen) in allen Eigenschaften gleicht.

---

29 Einen entscheidenden Schub hat diese auf alle Lebensbereiche bezogene Differenzierungs- und Individualisierungsdebatte durch Beck 1986 erhalten.

Damit ist klar, dass es bei der Frage nach der Sinnhaftigkeit von Gruppenzuordnungen von Personen nicht darum gehen kann, ob Gruppen überhaupt in sich differenziert sind, sondern nur darum, in welchem Umfang sie das sind und in welchem Umfang ihre Mitglieder jenseits ihrer Unterschiede noch einen hinreichend großen Bestand an Gemeinsamkeiten aufweisen, um sie weiterhin von den Mitgliedern anderer Personengruppen zu unterscheiden[30].

Zur Verdeutlichung kann hier tatsächlich die in der Kapitelüberschrift angesprochene botanische Analogie dienen: Ohne Zweifel existiert traditionell und auf Basis der modernen gentechnologischen Möglichkeiten eine Vielzahl an Birnen- und Apfelsorten. Trotz dieser enormen und potentiell zunehmenden Differenzierung dessen, was unter dem Begriff des Apfels zusammengefasst wird, und dessen, was mit ‚Birne' bezeichnet wird, würde vermutlich niemand in Zweifel ziehen, dass es weiterhin sinnvoll ist, zwischen Äpfeln und Birnen zu unterscheiden (und auch ein ‚Wald' bleibt ein Wald, selbst wenn er aus noch so vielen und unterschiedlichen Bäumen besteht).

Dies gilt zumindest solange, wie über alle Differenzierung der Apfelsorten hinweg die dem Begriff Apfel zugeordneten Früchte noch eine hinreichend große Gemeinsamkeit ihrer sonstigen Merkmale aufweisen, die es erlauben und sinnvoll machen, sie von den den unterschiedlichen Birnensorten zugeordneten Früchten (und ihren sonstigen Merkmalen) zu unterscheiden.

Für Merkmale, die der Zusammenfassung von Personen zu sozialen Gruppen zugrunde gelegt werden, bedeutet dies, dass sie so lange legitim und weiterführend sind, wie sie ein hinreichendes Ausmaß an Gemeinsamkeit der unter sie befassten Personen in an-

---

30 Das Prinzip der Minimierung der „Binnenvarianz" und der Maximierung der „Zwischenvarianz" von Gruppen entstammt ursprünglich der experimentellen Psychologie (siehe Zimmermann 1972: 64) und wurde in der Folge auch für typologische Verfahren wie z.B. Clusteranalysen (siehe hierzu Wiedenbeck/Züll 2001: 13f.) angewendet. Auch in der Sozialpsychologie findet es inzwischen zur Beschreibung von gruppenbezogenen Kategorisierungen Anwendung (siehe hierzu Hahnzog 2011). Zur Anwendung dieses Prinzips auf ‚ethnische Kategorien' siehe Boileau et al. 1992 (1975): 120ff.

deren als dem definierenden Merkmal aufweisen und sich hinreichend stark von den Merkmalen anders definierter Gruppen unterscheiden.

Diese für trennscharfe Begriffsbildung insgesamt gültige Kombination der Maximierung von interner Homogenität auf der einen, externer Heterogenität auf der anderen Seite ist im Regelfall schon aufgrund umfassender vorausgesetzter historischer Erfahrungen mit der natürlichen und sozialen Welt in unsere Sprache eingelassen. Normalerweise genügen die sprachlich vorgegebenen Strukturierungen also den angesprochenen Anforderungen an die Begriffsbildung.

In dem Moment, in dem das ihnen zugrunde liegende Einverständnis über die Struktur der sozialen Welt in Frage gestellt wird, z.B. dadurch, dass eine traditionelle Gruppendefinition problematisiert wird, sind diese Begriffe neu zu verhandeln. Anhand der Erfahrung muss überprüft werden, ob das ursprünglich existierende Verhältnis von innerer Homogenität und äußerer Heterogenität weiter für die betrachtete Gruppe gilt oder sich andere soziale Einheiten herausgebildet haben (bzw. es gar keine sinnvollen Synthesen von Individuen zu Gruppen mehr gibt).

Allein die Tatsache zunehmender interner Differenzierung nationaler Herkunftsgruppen sagt demnach keineswegs etwas über die Sinnlosigkeit des Bezugs auf diese Gruppen aus. Die Frage, ob es (weiterhin) sinnvoll ist, Personen nach ihrem Herkunftsland in Gruppen zusammenzufassen und diese ihre Gruppenzugehörigkeit für die Erklärung der Einstellungen und des Verhaltens ihrer Mitglieder heranzuziehen, wird so vielmehr zu einer empirischen Herausforderung an die Sozialwissenschaften[31].

---

31 Zum Verhältnis von kultureller Homogenität und Heterogenität von Nationen und Nationalgesellschaften und dessen Wandel siehe Yıldız 2009: 69-110, Hansen 2009a und Krossa 2018: 53-84.

Wie man's macht, macht man's falsch: integrationsrelevante Gruppendefinitionen zwischen Pauschalisierung und ethnisch-nationaler Spezifizierung

Welche Begriffsbildungen stehen für eine Erfassung von Herkunftsgruppen und ihrer Gemeinsamkeiten und Unterschiede zur Verfügung, in welchem Umfang erfüllen sie die o.g. Kriterien für eine angemessene Gruppendefinition und wie werden diese Definitionen in der Integrationsdebatte mit zum Teil gegenläufigen Argumenten in Frage gestellt?

Die schlichteste Unterscheidung stellt sicherlich die am weitesten verbreitete zwischen Personen ohne und mit Migrationshintergrund dar. Als definierendes Merkmal wird hierbei die Zuwanderung von einem nationalen Territorium auf ein anderes (entweder der Personen selbst oder ihrer Eltern) verwendet. Diese in der amtlichen Statistik regelmäßig und in der sozialwissenschaftlichen Forschung häufig verwendete Differenzierung erlaubt es in einem ersten Schritt tatsächlich, signifikante Gruppenunterschiede in einer Vielzahl von integrationsrelevanten Merkmalen, wie z.B. der Arbeitsmarktintegration der Mitglieder dieser Gruppen, empirisch aufzuweisen. Werden aber bei der Analyse solcher Unterschiede andersartige Merkmale herangezogen, wie etwa der unterschiedliche Bildungsgrad oder die unterschiedliche soziale Schichtzugehörigkeit in beiden Gruppen, gestalten sich die Befunde nicht mehr so eindeutig. Ein Teil der sozialwissenschaftlichen Untersuchungen spricht dafür, dass – auch nach Berücksichtigung solcher nicht migrationsbezogener Unterschiede – die Tatsache der Migration selbst einen integrationsrelevanten Unterschied zwischen beiden Gruppen macht; andere Untersuchungen kommen zu dem Ergebnis, dass bei Berücksichtigung anderer Merkmale keine signifikanten Unterschiede mehr zwischen Personen mit und ohne Migrationshintergrund auszumachen sind[32]. Tatsächlich ist jenseits einer empirischen Klärung dieser ambivalenten Forschungslage wohl

32 Siehe hierzu beispielsweise Geis-Thöne 2019, der auf Basis unterschiedlicher Datensätze zeigt, dass bei einzelnen Datensätzen auch bei einer multivariaten

grundsätzlich zu fragen, in welchem Umfang allein aus der Tatsache, dass Personen (oder ihre Eltern) aus einem anderen Land zugewandert sind, schon Wesentliches über gemeinsame Einstellungen und gemeinsames Verhalten dieser Personen abzuleiten ist. Dies gilt vor allem angesichts der Vielzahl von sozialen und kulturellen Merkmalen, in denen sich Zuwanderergruppen voneinander unterscheiden. Die türkeistämmige Community in den Ruhrgebietsstädten und die japanische in einer Stadt wie Düsseldorf stellen hierfür nur ein besonders drastisches Beispiel dar: Während die erstere sich im Wesentlichen aus schulisch und beruflich relativ unqualifizierten Zuwanderern aus den ländlichen Gegenden der Türkei und ihren Nachkommen zusammensetzt, entstammen die japanischen Zuwanderer meist großstädtischen Kontexten, sind schulisch hoch gebildet und beruflich hoch spezialisiert[33].

Aufgrund einer solchen mangelnden Differenzierungskraft wird diese Unterscheidung von Zuwanderungsgruppen immer wieder als vereinfachend und insofern irreführend kritisiert[34]. Eine solche Kritik ist nun aber keineswegs mit einer größeren Offenheit gegenüber differenzierteren Unterscheidungen verbunden, sondern eher mit der schon angesprochenen Konsequenz, solche Unterscheidungen überhaupt nicht zu treffen.

Weitere für die Großgruppe der Zuwanderer verwendete Definitionen versuchen in ihr Teilgruppen zu unterscheiden, die den genannten methodischen Kriterien besser genügen. Angesprochen worden ist schon diejenige zwischen Ausländern, Eingebürgerten

---

Analyse noch signifikante Effekte des Migrationshintergrunds für die Integration in den Arbeitsmarkt auftreten, diese in der Mehrzahl der Fälle aber bei der Kontrolle von Bildungsniveau und vor allem von deutschen Sprachkenntnissen wegfallen. Koopmans (2017: 74) benennt eine Vielzahl von Studien, die das Weiterbestehen von signifikanten Unterschieden zwischen Mehrheitsgesellschaft und Zuwanderern auch bei Berücksichtigung relevanter Hintergrundvariablen belegen.

33 Zum unterschiedlichen historischen Hintergrund und zur daraus folgenden unterschiedlichen sozialen und bildungsmäßigen Zusammensetzung der türkeistämmigen Arbeitsmigranten und der japanischen Zuwanderer insbesondere nach Düsseldorf als „Klein-Tokio am Rhein" siehe Thränhardt 1995 und Özcan 1995.

34 Zur Kritik am Konzept des ‚Migrationshintergrunds' als Differenzkategorie siehe Horvath 2017 und Bednaschewsky/Supik 2018.

und Aussiedlern, bei denen Unterschiede aus ihrer jeweiligen staatsrechtlichen Position abgeleitet werden. Wie ebenfalls gesagt, erbringt diese Differenzierung zwar integrationsrelevante Unterschiede zwischen den so definierten Gruppen. Weiterhin besteht aber das Problem, dass auch diese Gruppen eine sehr hohe interne Differenzierung aufweisen und bei der Berücksichtigung anderer Merkmale ein großer Teil der aufgewiesenen Differenzen wegfallen würde.

Für Integrationskontexte ist die in der niederländischen Sozialstatistik verwendete Unterscheidung zwischen ‚westlichen' und ‚nicht-westlichen Zuwanderern' von besonderem Interesse, da sie die soziale Lage der Zuwanderer als wesentlichen Einflussfaktor auf ihre Lebenssituation und ihre Integrationsperspektiven in die Gruppendefinition selbst aufnimmt[35]. Bei dieser Differenzierung handelt es sich in erster Linie nicht um eine geografische, auch wenn die Herkunftsländer der ‚westlichen' Zuwanderergruppen meist (aber nicht immer) geografisch westlich von denjenigen der ‚nicht-westlichen' liegen. (Die japanische Zuwanderergruppe zählt beispielsweise zu den ‚westlichen', die türkeistämmige zu den ‚nicht-westlichen'.) Ausschlaggebend für die Unterscheidung ist hingegen die soziale Benachteiligung bzw. Gleichstellung oder gar Privilegierung der Zuwanderer: Der Gruppe der westlichen Zuwanderer gehören die wirtschaftlich und sozial gut gestellten Gruppen an, der Gruppe der nicht-westlichen die in dieser Hinsicht benachteiligten. Aufgrund dieser Definition können die deutlich höhere interne Homogenität beider Gruppen und ihre externe Heterogenität in Bezug auf andere integrationsrelevante Merkmale gegenüber einer bloßen Definition über den Migrationshintergrund kaum überraschen. (Tatsächlich weisen die westlichen Zuwanderer in solchen Merkmalen nicht nur eine große Gemeinsamkeit mit den einheimischen Niederländern, sondern sogar häufig bessere Werte als diese auf.) In dieser guten Passung zu Integrationsfragen besteht die Stärke wie die Schwäche dieser Differenzierung: Auf der einen Seite liefert sie eine von vornherein auf integrationspolitische Zielsetzungen abgestimmte Gruppendefinition,

35 Zu dieser Unterscheidung siehe Böcker/Groenendijk 2004.

andererseits ist ihre analytische Aussagekraft für andersartige Gruppenunterschiede nur begrenzt; unterschiedliche soziale Organisationsformen und kulturelle Orientierungen lassen sich mit ihrer Hilfe kaum erfassen. In Deutschland ist darüber hinaus eine Übernahme dieser Differenzierung aus politisch-normativen Gründen kaum denkbar; die getroffene Unterscheidung zwischen gutgestellten und benachteiligten Zuwanderern würde mit hoher Wahrscheinlichkeit als zusätzliche Diskriminierung und Stigmatisierung letzterer verstanden und als solche entschieden abgelehnt.

Einen weiteren Schritt in Richtung auf eine differenziertere und kultursensiblere Fassung der Zuwanderergruppen stellt deren Unterscheidung nach Herkunftsländer, d.h. nach nationaler Herkunft, dar[36]. (Die lange Zeit gepflegte Unterscheidung nach Staatsangehörigkeiten ist inzwischen für viele der Zuwanderergruppen nicht mehr aussagekräftig.) Hierfür spricht in einem ersten Schritt, dass Nationalstaaten in ihrer Entstehung im Regelfall schon gewisse kulturelle Gemeinsamkeiten ihrer Mehrheitsbevölkerung voraussetzen und im weiteren Verlauf zu ausgeprägten kulturellen ‚Homogenisierungsmaschinen' werden (bis hin zur Zwangsassimilation oder gar Auslöschung von Bevölkerungsgruppen, die sich dieser Homogenisierung nicht fügen)[37]. Allerdings weisen auch historische Nationalstaaten häufig durch die Weiterexistenz von nationalen oder ethnischen Minderheiten weiterhin ein erhebliches Maß an ethnisch-kultureller Pluralisierung auf. Wie oben schon angedeutet, nimmt das Maß einer solchen Pluralisierung in aktuellen

---

36 Die inzwischen für die deutsche Debatte klassische Arbeit von Esser/Friedrichs 1990 arbeitete noch ganz selbstverständlich mit nationalen Differenzierungen, allerdings zu diesem frühen Zeitpunkt noch staatsangehörigkeitsbasiert.

37 Zu dieser Vereinheitlichungsdynamik des Nationalstaats und des mit ihr verbundenen ‚ethnischen Nationalismus' siehe Heckmann 1992: 40ff. und umfassend Anderson 1993. Zu den der Nationenbildung häufig vorausgesetzten kulturellen Gemeinsamkeiten und der gleichzeitig weiterbestehenden historischen Binnendifferenzierung von Nationalstaaten siehe Giesen 1993: 16ff. Als theoretisch und methodisch anspruchsvollen Versuch, die aktuelle Relevanz von Nationalkulturen für sozialwissenschaftliche Erklärungen zu bestimmen, siehe Aleksandrowicz 2006 und 2007. Zu den unbestreitbaren zunehmenden Überlagerungen von nationalstaatlichen kulturellen Einheitsbildungen durch Globalisierungsprozesse siehe Aderhold/Heideloff 2001.

Globalisierungs- und Wanderungsprozessen weiter zu – verbunden mit der Zunahme von Personen, die mehrere nationale Zugehörigkeiten aufweisen. Die empirische Forschung in Bezug auf die in Deutschland lebenden Herkunftsgruppen zeigt, dass eine Inanspruchnahme dieser Unterscheidung tatsächlich die kategoriale Trennschärfe erhöht; auch bei der Berücksichtigung andersartiger sozialer Merkmale bleiben zumindest für einige Herkunftsgruppen (vorzugsweise die türkeistämmige) oder Teilgruppen von ihnen wesentliche Unterschiede in integrationsrelevanten Merkmalen bestehen[38]. (Ob diese mit spezifischen ethnisch-kulturellen Prägungen dieser Gruppe zusammenhängen, lässt sich alleine daraus nicht ableiten.) Ein weiterer Vorteil dieser Kategorisierung besteht darin, dass sie es auch erlaubt, selbst noch innerhalb der inzwischen Einheimischen aufgrund ihres nationalen Hintergrunds zu differenzieren: Auch für die Mitglieder der dritten und nachfolgender Zuwanderergenerationen, die aufgrund der gängigen Definition von Migrationshintergrund als Einheimische gelten, lässt sich überprüfen, ob der nationale Hintergrund ihrer Familien weiterhin einen Einfluss auf ihre Einstellungen und Verhaltensweisen (und damit ihre Integrationsperspektiven) nimmt.

Angesichts der oben genannten historischen und aktuellen Komplizierung der Herkunftsverhältnisse ist bei der Verwendung dieser Unterscheidung auf jeden Fall darauf zu achten, welche sub- oder transnationalen Herkünfte existieren und in weiteren Differenzierungen zu berücksichtigen wären. In Bezug auf historisch vorgegebene Subgruppen wäre aufgrund ihrer eigenständigen Geschichte und Prägung z.B. die kurdische Bevölkerungsgruppe als Teil der türkeistämmigen Herkunftsgruppe eigenständig zu berücksichtigen, in aktuellen Migrationskontexten die neu entstehenden Misch- und Schwundformen von nationaler Herkunft, auf die im Weiteren noch zurückzukommen sein wird.

Wenn es darum geht, solche sub- oder transnationalen Gruppenbildungen und die Lebenssituation der dritten und nachfolgender Zuwanderergenerationen in den Blick zu nehmen, kommt eine weitere Gruppenzuordnung ins Spiel, die in der angelsächsischen

38 Siehe hierzu beispielsweise Esser 2006: 313ff.

Debatte und daran anknüpfend auch in weiteren europäischen Ländern durchaus gebräuchlich ist[39]: die der ‚ethnischen Minderheit'. In Deutschland wird diese Zuordnung aufgrund der weitverbreiteten Bedenken gegenüber einer Berücksichtigung ethnischer Gruppenmerkmale bisher nur selten verwendet[40].

Auch in Bezug auf die Bedenken gegenüber diesem Terminus hat der Autor eine aussagekräftige Erfahrung gemacht: Der Herausgeber einer Veröffentlichung zur Zuwandererterminologie und -statistik bat ihn aufgrund eines einige Jahre vorher verfassten Aufsatzes[41], einen Ausblick für diese Veröffentlichung beizusteuern. Gegenstand dieses Ausblicks sollten mögliche konzeptionelle und datenbezogene Schritte über die aktuelle Begrifflichkeit und Statistik zu Zuwanderergruppen hinaus sein. Da klar war, dass als eine mögliche Zukunftsperspektive der wie gesehen in Deutschland höchst umstrittene Terminus ‚ethnische Minderheit' ins Auge gefasst werden würde, war der Autor relativ überrascht über diese Anfrage und über den ‚Mut' des Herausgebers, sich auf dieses schwierige Gelände zu begeben.

Der hierzu gelieferte Beitrag ging zunächst davon aus, dass der Begriff des Migrationshintergrunds, der wie gesehen im Wesentlichen auf die erste und zweite Generation zielt, nicht geeignet ist, weitere Generationen begrifflich und statistisch zu erfassen. Situationen, in denen die Zuwanderungserfahrung ihrer Großeltern (oder weiterer Vorfahrengenerationen) für die Lebenssituation und das Verhalten der dritten (und weiterer) Generation im Einwande-

39 Siehe hierzu für die USA und Italien Magnani 2001, für Italien Medda-Windischer 2008 und für die Niederlande Böcker/Groenendijk 2004: 306f.

40 Heckmann 1992 und Haller/Geiger 1991 haben diese Begrifflichkeit schon relativ frühzeitig auch in Bezug auf die in Deutschland lebenden Arbeitsmigranten in die Diskussion eingeführt, ohne dass dies in der weiteren Debatte eine nennenswerte Resonanz gefunden hätte. Allerdings ist darauf hinzuweisen, dass der verwandte Begriff der ‚nationalen Minderheit' (neben dem der ‚Volksgruppe') in Anknüpfung an das Rahmenabkommen des Europarats (1995) auf politischer und rechtlicher Ebene (z.T. auch in einzelnen Länderverfassungen) in Bezug auf die vier in Deutschland lebenden autochthonen Minderheiten durchaus gebräuchlich ist.

41 Siehe Böckler 2010c.

rungsland weiterhin einflussreich bleibt, deckt dieser Begriff nicht ab[42].

Dass eine eigenständige begriffliche Fassung und statistische Erhebung der 2+i-ten Zuwanderergenerationen überhaupt notwendig ist, ergibt sich allerdings nur aus der empirisch zu überprüfenden Hypothese, dass solche Situationen tatsächlich in relevantem Umfang vorliegen, d.h. sich diese Folgegenerationen (oder zumindest Teile von ihnen) weiterhin systematisch von der Mehrheitsbevölkerung und anderen Zuwanderergruppen unterscheiden. Wenn dies nicht so ist, d.h. sich diese Nachfolgegenerationen im Wesentlichen an die Mehrheitsbevölkerung angeglichen haben, wäre eine eigenständige Begrifflichkeit und auch eine eigenständige Datenerhebung für sie nicht mehr notwendig, und die Angehörigen dieser Generationen würden begrifflich und statistisch in den Mainstream der deutschen Bevölkerung einmünden.

Für den Fall aber, dass zumindest bei relevanten Gruppen dieser ‚Postmigranten' systematische Unterschiede zur Mehrheitsbevölkerung in Bezug auf soziale Lage, Bildungsstand, Wertorientierungen, soziale Netzwerke und Selbstidentifikation als eigenständige Gruppe weiterhin bestehen bleiben (und dadurch auch weiterhin Integrationsbemühungen erforderlich sind), brachte der Beitrag den Begriff der ‚ethnischen Minderheiten' als eine Möglichkeit, diese Gruppen konzeptionell zu verorten, ins Gespräch. Darüber hinaus wurde vorgeschlagen, die Zugehörigkeit zu solchen Minderheiten über die in Familie und Nachbarschaft dominant gesprochene Sprache zu operationalisieren und statistisch zu erfassen. Auf jeden Fall wurde darauf hingewiesen, dass die Verwendung dieses Terminus nur auf Basis einer empirischen Überprüfung des Vorliegens der entsprechenden Merkmale für jede einzelne Gruppe sinnvoll und legitim sei.

42 Darauf, dass sich die Situation der dritten (oder weiterer) Zuwanderergenerationen im Regelfall stark von derjenigen der ersten und zweiten Generation unterscheidet, weist der Begriff der ‚Postmigranten' hin. (Im strengen Sinn sind schon die Angehörigen der zweiten Generation solche Postmigranten.) Zu den verschiedenen Facetten dieser Neudefinition der Nachfolgegenerationen der selbst Zugewanderten siehe Hill/Yıldız 2018.

Der Beitrag wurde nach seiner Fertigstellung vom Herausgeber mit kleinen Änderungen akzeptiert und auch Mitgliedern des letztlich für die Veröffentlichung des Bandes verantwortlichen Gremiums vorgelegt und von deren Seite nicht moniert - wovon der Autor aus den oben genannten Gründen erneut positiv überrascht war.

Auf der abschließenden redaktionellen Sitzung dieses Gremiums wendete sich das Blatt: Die Mehrheit der Mitglieder des Gremiums war der Meinung, dass der Beitrag in der Gemeinschaftspublikation nicht erscheinen könne, weil er keine gemeinschaftlich vertretene Position wiedergebe. Der Herausgeber war daraufhin sehr verärgert, der Autor eher weniger, weil er aufgrund seiner Erfahrungen mit solchen Bedenken und Ängsten, sich in einem derart verminten Gelände zu exponieren, von dieser Entscheidung nicht wirklich überrascht war.

Der Beitrag ist dann in besagter Publikation nicht erschienen. Immerhin hat das Herausgebergremium dem Autor in der Folge die Möglichkeit gegeben, zentrale Inhalte des Beitrags im Rahmen einer Fachtagung zu präsentieren und zu diskutieren und dadurch der Fachöffentlichkeit zugänglich zu machen.

Wie auch an diesem Beispiel ablesbar, stößt ein aus Sicht des Autors gebotener differenzierter Zugriff auf die nationalen und ethnischen Hintergründe von Personen in der deutschen Integrationsdebatte auf erhebliche Bedenken, wenn nicht gar Widerstände. Insgesamt ist in dieser Debatte kein Konsens darüber auszumachen, ob überhaupt zwischen verschiedenen Herkunftsgruppen differenziert werden soll[43] und wenn ja, wo eine solche Differenzierung im Spektrum zwischen allzu pauschalen und allzu differenzierten Unterscheidungen anzusiedeln ist.

Auch hierbei ist erneut festzuhalten, dass die Auflösung dieses Dilemmas nur empirisch erfolgen kann: Für jede der genannten Gruppendefinitionen ist empirisch zu prüfen, ob und in welchem

43 Siehe Supik 2014 zu der Annahme, die statistische Differenzierung und Erhebung unterschiedlicher ethnisch-kultureller Merkmale stelle eine rassistische Praxis dar, und den mit dieser Annahme verbundenen Dilemmata.

Umfang sie jeweils eine Vielzahl von Gemeinsamkeiten und Unterschieden der durch sie ausdifferenzierten Gruppen abdeckt und für Erklärungen weiterer Merkmale der Gruppenmitglieder nutzbar macht.

Kind mit dem Bade: weitere Dekonstruktionsversuche

Schon in Bezug auf das ‚Differenzierungsargument' und die Hervorhebung der Relevanz nicht-ethnischer, sozialer Einflussfaktoren ist deutlich worden, dass der hier kritisierte Integrationsdiskurs zunächst zentrale Schwachstellen des Umgangs mit herkunftsbasierten kulturellen Orientierungen benennt und damit die Grenzen kulturalistischer Beschreibungen und Erklärungen aufzeigt. Im zweiten Schritt wird aus dem Vorliegen solcher Schwachstellen häufig der Erklärungswert kultureller Merkmale grundsätzlich bestritten oder eine Reformulierung des Kulturbegriffs gefordert, die diese Defizite zu vermeiden erlaubt. Eine solche Reformulierung wird dann aber allenfalls auf konzeptioneller Ebene angegangen; in der Durchführung entsprechender Erklärungsversuche werden hingegen kulturelle Einflussfaktoren nicht in Anschlag gebracht, sondern vor allem auf andersartige, soziale Erklärungsfaktoren zurückgegriffen[44]. Als Ergebnis beider Vorgehensweisen ergibt sich in der Folge dann doch, ‚that culture does not matter at all'.

Neben diesen bereits genannten Argumenten werden für die Dekonstruktion der Relevanz von Kultur[45] eine Mehrzahl anderer Argumente ins Feld geführt, die dieselben Vorzüge wie Schwächen

---

44 Ein Beispiel hierfür stellen die Arbeiten von Bormann aus den Jahren 1997 und 2001 dar. Aus ihrer umfassenden Auseinandersetzung mit Kulturtheorien und der daran entwickelten Kritik an einem statischen und verdinglichten Kulturbegriff wird die Forderung nach einer „prozessualen und relationalen Sicht" von Kultur abgeleitet. In ihren konkreten Erklärungsversuchen wird Kultur auch in diesem reformulierten Sinne meist nicht mehr berücksichtigt, insofern als in ihnen gesellschaftliche, d.h. soziale und politische Motive, in den Vordergrund gestellt werden. Insgesamt widmet der kulturalismuskritische Diskurs der Dekonstruktion des traditionellen Kulturbegriffs deutlich mehr Aufmerksamkeit als der Entwicklung und Anwendung einer dessen Mängel beseitigenden Konzeption von Kultur.

45 Als Überblick über die „sukzessiven Dekonstruktionsschritte" des Kulturbegriffs siehe Welz 1994.

teilen: In einem ersten Schritt werden gegen eine verdinglichte, statische und totalisierende Inanspruchnahme von ‚Kultur' die Grenzen ihrer Erklärungskraft für die Einstellungen und das Verhalten der Mitglieder von gesellschaftlichen Großgruppen aufgezeigt[46], um daraus in einem zweiten Schritt entweder fälschlicherweise deren Irrelevanz überhaupt für solche Erklärungen zu folgern oder im weiteren Vorgehen durch die Nicht-Berücksichtigung kultureller Einflüsse und die Konzentration auf andersartige Faktoren faktisch zu unterstellen[47]:

- das *Wandel*argument: Ausgangspunkt ist hierbei die berechtigte Kritik an der Annahme festgefügter und historisch übergreifender kultureller Orientierungen, die als solche die Handlungsspielräume ihrer Träger und ihre Integrationsperspektiven entscheidend und fortdauernd einschränken. Dagegen gehalten wird die grundsätzliche Historizität und Gemachtheit selbst tiefverankerter Werte und Normen. Gerade was die nationale Prägung von Herkunftsgruppen anbelangt, sind diese kulturellen Orientierungen in der vorliegenden Form häufig erst im Zuge der Entstehung des betreffenden Nationalstaates konstruiert und in seiner Geschichte immer wieder transformiert worden. Dies gilt noch viel mehr für aktuelle Entwicklungen,

46 Zu dieser Kritik an der Substantialisierung, Essentialisierung und Totalisierung des ‚Kulturbegriffs' siehe bereits Geiger 1987. Zu dem auf dieser Basis antistrukturalistisch einflussreich gewordenen Kulturalismus siehe Kaschuba 1995. Eine besonders eindrucksvolle und einflussreiche Variante eines solchen Kulturalismus stellte in den 1990er Jahren die Arbeit von Huntington (1993) dar. – Als Überblick über die im Folgenden dargestellten Defizite des ‚klassischen' Kulturbegriffs und die daraus erwachsenden Perspektiven für eine Reformulierung dieses Begriffes siehe Wimmer 1996 und 2005. Zur Dekonstruktion von „Kultur als Differenzierungskategorie" siehe auch Höhne 2001.

47 Die folgenden Argumentationsmuster durchziehen eine Vielzahl von Arbeiten zum Thema schon seit der klassischen Positionierung von Max Weber zu den „ethnischen Gemeinschaftsbeziehungen" (Weber 1980 (1922): 234-244). Unter dem Stichwort „Die Erfindung der Ethnie" finden sie sich nahezu vollständig versammelt in den Arbeiten von Elwert 1989 und 1998. In der italienischen Debatte sind diese Argumentationsmuster ähnlich vollständig bei Fabietti 1995 vertreten. Kritisch hierzu Böckler 1999a. Aktueller zu diesen Argumentationsmustern siehe beispielsweise Radtke 2011 und Malik 2018.

in denen Europäisierungs-, Globalisierungs- und internationale Wanderungsprozesse die relative Abgeschlossenheit nationaler Kulturen immer mehr aufsprengen.

Abgeleitet wird daraus im aktuellen Integrationsdiskurs aber häufig, dass auf solche sich im Wandel begriffenen Prozesse für das Verständnis des Handelns und der Einstellungen der betroffenen Personen und die Beurteilung ihrer Integrationspotenziale und -perspektiven gar nicht zurückgegriffen werden sollte. Das Schwergewicht sei hingegen auf handfestere wirtschaftliche, soziale und politische Bedingungen zu legen, denen damit offensichtlich eine geringere Flüchtigkeit unterstellt wird als kulturellen Bedingungen.

Aus sozialwissenschaftlicher Sicht ist zunächst schon letztere Einschätzung des Beharrungsvermögens unterschiedlicher gesellschaftlicher Wandlungsprozesse überraschend: Eines der klassischen Theoreme der Sozialwissenschaften geht gerade in modernen, dynamischen Gesellschaften von einem *cultural lag* aus[48], d.h. einer Verzögerung der Anpassung der kulturellen Orientierungen an den beschleunigten sozialen Wandel in den ‚materiellen' Bereichen der Gesellschaft. Mit diesem Theorem wird also gerade eine größere Beharrlichkeit kultureller Orientierungen im Vergleich zu andersartigen gesellschaftlichen Wandlungsprozessen unterstellt[49].

Unabhängig von dieser materialen Einschätzung ist aber die Logik des Arguments von dem inzwischen schon bekannten Fehler gekennzeichnet: Keineswegs folgt aus der Veränderlichkeit eines Phänomens (außer man geht davon aus, dass dieses völlig unsystematisch, zufällig und kurzlebig variiert), dass dieses Phänomen keinerlei Einfluss besitzt. Vielmehr folgt daraus alleine, dass es in seinen Verän-

---

48 Dieses einflussreiche Theorem hat ursprünglich William F. Ogburn 1922 aufgestellt. (Siehe hierzu Ogburn 1969.) Zu seiner Rezeption in den 1990er Jahren siehe Brinkmann/Brinkmann 1997.

49 Zu den überzogenen Folgerungen aus der grundsätzlichen Veränderbarkeit und Veränderung kultureller Orientierungen siehe Schweizer 1999: 15.

derungen zu beschreiben und sein entsprechend veränderter Einfluss zu analysieren ist. Zu fordern ist also nicht das Beiseitelegen kultureller Orientierungen für das Verständnis von Integrationsprozessen, sondern die Entwicklung und vor allem empirische Anwendung eines dynamischen, historischen Kulturbegriffs, der es erlaubt diese Veränderungen und ihre Folgen für Integrationsprozesse zu erfassen.

- Das *Ambivalenz*argument: Bei der direkten Inanspruchnahme von Werten und Normen für die Erklärung menschlichen Handelns wird eine Einfachheit und Stimmigkeit des Werte- und Normensystems der betreffenden Person unterstellt. Nur dann lassen sich aus ihm konkrete Handlungen erklären. Dabei handelt es sich offensichtlich um eine Annahme, die der wirklichen Komplexität kultureller Orientierungen nicht entspricht. Innerhalb eines gegebenen Werte- und Normensystems bestehen zum einen in Bezug auf *einzelne* Werte und Normen unterschiedliche oder sogar gegenläufige Orientierungen und damit unterschiedliche Handlungsoptionen, zum anderen ergeben sich häufig *zwischen* unterschiedlichen Werten und Normen Ambivalenzen und Konflikte, die eindeutige Handlungsoptionen verhindern. Welche Optionen faktisch gewählt werden, ist demnach aufgrund der Kenntnis der zugrunde liegenden kulturellen Orientierungen nicht zu erklären bzw. vorauszusagen. Unter anderem auch kulturell basiertes Handeln weist aus diesem Grund ein hohes Maß an Variabilität auf. Auch hier ist offensichtlich, dass sich daraus keine Irrelevanz solcher ambivalenter kultureller Orientierungen ergibt, sondern die Anforderung, sie zunächst in ihrer Gebrochenheit zu analysieren, um anschließend in einem Mehrdimensionen- und Mehrebenenmodell menschlichen Handelns ihre Beziehung zu anderen Handlungsmotiven und -ebenen zu untersuchen.
- das *handlungstheoretisch-situative* Argument: Auch dieses Argument richtet sich zunächst berechtigterweise gegen eine Verwendung von Kultur, die deren Erklärungsmög-

lichkeiten überstrapaziert, und greift einige der schon benannten Kritikpunkte an kulturalistischen Positionen auf. Wie gesagt, wurde in klassischen ethnologischen Theorien immer wieder ein direkter Brückenschlag zwischen Normen und Werten von Personen und ihren Handlungen vorgenommen, d.h. Handlungen wurden als direkter Ausdruck zugrunde liegender kultureller Orientierungen begriffen. (Die Integrationsperspektiven von Zuwanderergruppen wurden dementsprechend häufig in erster Linie mit dem Ausmaß in Verbindung gebracht, in dem eine Assimilation dieser Gruppen an die Werte und Normen der Mehrheitsbevölkerung gelingt.) Das ‚handlungstheoretisch-situative Argument' greift zunächst den oben schon angesprochenen Hinweis auf den Einfluss andersartiger Motive für integrationsrelevantes Handeln auf und weist darauf hin, dass Handeln gleichermaßen von kulturell motivierten ‚Ideen' wie von wirtschaftlich, sozial und politisch orientierten ‚Interessen' geleitet ist. Darüber hinaus sei Handeln das Ergebnis eines komplexen Prozesses, der vor allem auch von äußeren ‚situativen' Bedingungen abhängt. Eine gegebene Norm oder Einstellung wird beispielsweise nur dann handlungsrelevant, wenn bestimmte äußere Bedingungen vorliegen, die eine Umsetzung aus der Sicht des Handelnden möglich oder wahrscheinlich erscheinen lassen. Je nach Situation treten demnach unterschiedliche handlungsmotivierende Faktoren in den Vordergrund, mit der Folge einer großen Variabilität des Handelns gemessen an den zugrunde liegenden kulturellen Orientierungen. Ohne Zweifel erlaubt ein solcher Hinweis auf die grundsätzliche ‚situative Kontingenz' des Handelns ein differenzierteres Verständnis von Handlungen als eine ausschließlich von ihren inneren Orientierungen ausgehende Sichtweise.

Aber auch aus dieser Ausdifferenzierung unterschiedlicher Handlungsmotivationen und -ebenen folgt keineswegs, dass den normativen Orientierungen der Handelnden keine Bedeutung für die Ausrichtung und den konkreten

Verlauf ihrer Handlungen zukommt. Vielmehr steht ein angemessenes Verständnis von Handlungen auch hier vor der Herausforderung einer empirischen Analyse des komplexen Geflechtes unterschiedlicher Handlungsebenen und -motive sowie der Gewichtung dieser unterschiedlichen handlungsbestimmenden Faktoren gegeneinander und ihrer Wechselwirkungen.

- Das *grenztheoretische Selektions*argument[50]: Ausgangspunkt dieser Relativierung des Einflusses ethnisch-kultureller Eigenschaften ist nicht deren Status als solcher, sondern die Funktion, die sie für die Herausbildung und Stabilisierung ethnischer Gruppen übernehmen. Als entscheidender Mechanismus wird hierbei die Grenzziehung zwischen Wir- und Ihr-Gruppe bestimmt, der eine zentrale Steuerungsfunktion für das Selbstverständnis und die wirtschaftliche und politische Interaktion dieser Gruppen zukommt. Anhand von umfangreichen ethnologischen Beobachtungen wird dabei gezeigt, dass die für die Konstruktion dieser Grenze in Anspruch genommenen ethnischen Merkmale gegenüber der Tatsache der Grenzziehung als solcher häufig variabel und im Extremfall sogar beliebig sind. Zwar wird hiermit durchaus die Existenz solcher Merkmale unterstellt, aus denen eine Auswahl im Sinne der Aufrechterhaltung der Gruppen-Grenze getroffen wird, letztlich aber doch wieder deren Belanglosigkeit gegenüber andersartigen, wirtschaftlichen und politischen Motiven behauptet. Die Frage, warum gerade solche wirtschaftlich und politisch motivierten Gruppenbildungen überhaupt auf ethnische Eigenschaften zurückgreifen müssen, bleibt dabei unbeantwortet; eine mögliche Steuerungsfunktion solcher Eigenschaften für die Grenzziehung und damit die Strukturierung der wirtschaftlichen und politischen Interaktion zwischen Gruppen wird damit grundsätzlich ausgeschlossen.

50 Zu dieser einflussreichen Position siehe klassisch Barth 1969 und später selbstkritisch in Bezug auf die Beliebigkeit der grenzdefinierenden ethnischen Merkmale derselbe 1994 sowie aktuell Wimmer 2013 und Duemmler 2015.

- Das *Hybridisierungs*argument[51]: Darauf, dass gerade unter den aktuellen Bedingungen von Globalisierung und internationaler Wanderung nationale kulturelle Orientierungen in Wechselwirkung zueinander treten, sich überlagern und zu neuen Synthesen zusammengefügt werden, ist bereits hingewiesen worden. Das Hybridisierungsargument stellt solche Prozesse in Bezug auf die kulturellen Orientierungen von Zuwanderern und ihren Nachkommen ins Zentrum. Schon bei der ersten Zuwanderergeneration überlagern sich die aus dem Heimatland mitgebrachten Orientierungen mit den im Einwanderungsland vorherrschenden. Es entsteht so eine erste eigenständige „kulturelle Zwischenwelt"[52], die es diesen Zuwanderern sogar häufig erschwert, problemlos wieder in ihren Heimatkontext zurückzukehren. Für die zweite Zuwanderergeneration werden solche kulturellen ‚Mischformen' lebensgeschichtlich grundlegend: Spätestens mit dem Eintritt in das Bildungssystem des Einwanderungslandes werden dessen Orientierungen zu einem prägenden Bezugssystem für die Mitglieder dieser Generation. Noch ausgeprägter ist ein solcher Hybridisierungsprozess bei Mitgliedern der zweiten Zuwanderergeneration, die aus ethnisch gemischten Partnerschaften mit Einheimischen hervorgehen; diese Zuwandererkinder leben von Geburt an in einer sozialen und kulturellen Zwischenwelt und stehen in ihrer persönlichen Existenz für einen sozialen und kulturellen Brückenschlag zwischen Mehrheitsbevölkerung und Zuwanderergruppe. Das

51 Zu diesem Argument und seinen Überziehungen siehe Zamojski 2004. Als theoretisch angeleitete und empirisch gehaltvolle Rekonstruktion von Hybridisierungs- und Transkulturationsprozessen siehe z.B. Berchem 2011. Zur Geschichte und Aktualität von Hybridisierungsprozessen siehe Ha 2010. Zur kritischen Auseinandersetzung mit Transkulturalisierungs- und Hybridisierungskonzepten siehe Merz-Benz 2007 und Blum-Barth 2016. Konzeptionelle und historische Analysen zu solchen Prozessen finden sich in Marinelli-König/ Preisinger 2011.

52 Zum Konzept der „kulturellen Zwischenwelt" und seiner Relevanz für die Charakterisierung der Lebenssituation von Arbeitsmigranten und ihren Nachkommen sowie als Basis der möglichen Herausbildung einer „neuen Ethnie" siehe bereits Hettlage-Varjas/Hettlage 1984. Zur Anwendung dieses Konzepts auf die türkeistämmigen Zuwanderer nach Deutschland siehe Mandel/Wilpert 1996.

Gesagte gilt für dritte und weitere Generationen noch in stärkerem Maße, wobei das Gewicht der Herkunftskultur im Regelfall in ihnen zunehmend abnimmt[53].

Tatsächlich lässt sich also kaum bezweifeln, dass Zuwanderungssituationen massive Veränderungen der ursprünglichen Herkunftskultur mit sich bringen und sich neue ‚hybride' kulturelle Synthesen herausbilden, die allein im Rückgang auf die Herkunftskultur nicht begriffen werden können. (Dies gilt wenn auch im Regelfall in deutlich geringerem Maße auch für die Mehrheitsbevölkerung, die ihrerseits Elemente der Zuwandererkultur in ihr kulturelles Repertoire integriert.) Erneut bedeutet dieser Überformungsprozess herkunftskultureller Orientierungen aber nicht, dass solchen Orientierungen keinerlei Bedeutung mehr zukommt. Die erste Zuwanderergeneration pflegt im Regelfall enge Kontakte zu ihrem Heimatland und trägt dessen Wertesystem und Sprache sozusagen mit und in sich. Und auch die zweite (und in vielen Fällen auch die dritte und nachfolgende) Generation ist über familiäre, verwandtschaftliche und gruppenbezogene Sozialisationsprozesse weiter mit diesem Wertesystem und dieser Sprache verbunden. Dies gilt insbesondere dann, wenn Zuwanderergruppen in sozial und räumlich segregierten ‚ethnischen Kolonien' leben, in denen den Kontakten zur eigenen Herkunftsgruppe gegenüber denen zur Mehrheitsbevölkerung großes Gewicht zukommt. Gerade wenn man die neuen ‚hybriden' Identitäten und Lebensformen und die mit ihnen verbundenen Probleme und Möglichkeiten verstehen will, kommt man also nicht umhin, die Herkunftskultur als einen Bestimmungsfaktor unter anderen einzubeziehen. Auch hier ist es die Aufgabe der empirischen Forschung, für jeden Einzelfall der Herausbildung neuer kultureller Synthesen seine unterschiedlichen Bestimmungsfaktoren sowie ihr relatives Gewicht und ihre Wechselwirkung zu bestimmen.

---

53 Siehe Werbner 1990 als differenzierte Nachzeichnung der Art und Weise, in der sich ethnische Gemeinschaften über die Generationen hinweg im neuen Kontext reproduzieren und transformieren.

- das *Instrumentalisierungs*argument: Zusammengeschlossen werden Motive aus den bisher schon genannten Argumentationsmustern in einer Sichtweise von Kultur, die dieser eine bloß instrumentelle Bedeutung in Bezug auf andere Handlungsmotive zuschreibt. In ihrer radikalen Variante wird dabei sogar die eigenständige Wirklichkeit kultureller Orientierungen in Frage gestellt, und ihre Existenz und ihre Gehalte werden auf ihre Funktion für andersartige Zwecke reduziert. Unbestreitbar vorhandene gemeinsame kulturelle Orientierungen werden in dieser Sichtweise zu bloßen Instrumenten für andersartige wirtschaftliche, soziale und politische Zwecke[54] oder werden, falls sie nicht existieren, in geeigneter Form ‚erfunden'.

  Eine derart grundlegende Dekonstruktion von Kultur scheint auf den ersten Blick aufgrund ihrer Radikalität den Fehlschlüssen und Selbstwidersprüchen der bisher präsentierten Dekonstruktionsversuche zu entgehen. Offen bleibt aber bei einer solchen ökonomistischen und/oder politizistischen Reduktion menschlicher Handlungsmotivation[55], aus welchen Gründen überhaupt ethnisch-kulturelle Gemeinsamkeiten in Anspruch genommen bzw. erfunden werden müssen, um die Umsetzung andersartiger Motive zu ermöglichen[56]. Bei genauerem Hinsehen auf solche ‚instrumentalistischen' Dekonstruktionen wird darüber hinaus meist deutlich, dass sie, um konkrete als ethnisch-kulturell etikettierte Handlungen begreiflich zu machen, regelmäßig durch die Hintertür genuin ethnisch-kulturelle Motive in die Argumentation einführen, d.h. die angezielte

54 Für eine inzwischen klassische Formulierung dieses instrumentalistischen Arguments siehe Bell 1975. Trotz aller vorgenommenen Differenzierungen verwendet auch Bommes 1994 dieses Argumentationsmuster.

55 Zur soziologischen Kritik der falschen Alternative sozialstruktureller und kultureller Erklärung sozialer Phänomene und der grundlegenden Bedeutung kultureller Orientierungen für Vergesellschaftungsprozesse siehe Rehberg 1986 und Tenbruck 1989. Neuerdings haben Dreher/Stegmaier (2007) auf „kulturelle Differenz" als unhintergehbare Grundlage sozialwissenschaftlicher Erklärungen hingewiesen.

56 Zur Darstellung und entschiedenen Kritik dieser „Instrumentalismusthese" siehe Peters 1997. Ähnlich siehe Schiffauer 1997: 168f.

ökonomistische oder politizistische Reduktion angesichts der Empirie dieser Handlungen nicht durchzuhalten ist[57].

Dogmen, Fehlschlüsse und Paradoxien ‚erster Ordnung'

Im Vorangehenden ist aus verschiedenen Perspektiven gezeigt worden, wie sich zentrale Sichtweisen des aktuellen Integrationsdiskurses auf die Einstellungen und Handlungen von Zuwanderern und ihre ethnisch-kulturellen Hintergründe fehlerhaften Argumentationsmustern verdanken. Zum einen wurde zurückgegangen auf die konkreten Forschungserfahrungen des Autors, anhand derer vor allem der paradoxe Umgang mit ethnisch-kulturellen Einflussfaktoren herausgearbeitet worden ist: Die entsprechenden institutionellen und Forschungszusammenhänge konstituieren sich zunächst nur auf Basis der Annahme einer grundlegenden Bedeutung solcher Faktoren, um dann in einem zweiten Schritt deren Relevanz in Frage zu stellen und sich dadurch in gewisser Weise selbst den Boden zu entziehen. (Dieses paradoxe Vorgehen charakterisiert inzwischen sogar diejenige Wissenschaft, in deren Definition die Relevanz solcher Faktoren eingelassen ist, die Ethnologie: Diese verwendet inzwischen erhebliche Energien darauf, dieselben Begriffe, die ihrer Herausbildung zugrunde liegen und vermutlich auch ihren Weiterbestand legitimieren, d.h. ‚Ethnos' und ‚Kultur', zu dekonstruieren[58].)

Zum anderen wurden in Integrationsdiskursen regelmäßig auftretende Muster der Dekonstruktion der Relevanz von Herkunftskulturen vorgestellt und das ihnen gemeinsame fehlerhafte Vorgehen festgehalten: Aus einer berechtigten Kritik an totalisierenden, essentialistischen und unhistorischen Sicht- und Verwendungsweisen von Kultur wird fälschlicherweise deren Irrelevanz

---

57 Dies wird erneut besonders gut an den bereits genannten Arbeiten von Elwert deutlich.

58 Zur Darstellung und Kritik einer solchen konstruktivistischen Selbstinfragestellung von Ethnologie und Kulturanthropologie siehe Schiffauer 1997.

für die Erklärung menschlicher Einstellungen und Handlungen überhaupt und damit auch für Integrationsprozesse gefolgert.

Schließlich ist auf die mangelnde Bereitschaft innerhalb von Integrationsdebatten hingewiesen worden, sich mit solchen kritischen Argumenten auseinanderzusetzen, und die Unbelehrbarkeit, mit der an den eigenen Annahmen festgehalten wird - auch angesichts deutlich entgegenstehender theoretischer Argumente und empirischer Evidenzen.

Offen bleibt aber in gewisser Weise noch eine grundsätzliche Frage an diesen Diskurs, die Anlass zu einer Meta-Paradoxie geben könnte: Keiner der üblichen Dekonstruktionsversuche ethnisch-kultureller Einflussfaktoren kann erklären, warum überhaupt Grenzziehungen und Problemlinien entlang wahrgenommener ethnisch-kultureller Unterschiede eine derart große Bedeutung für die Beziehungen zwischen Zuwanderern und Mehrheitsbevölkerung besitzen - wenn den ethnisch-kulturellen Prägungen der Zuwanderer (und der Mehrheitsbevölkerung) faktisch keine nennenswerte Relevanz für diese Beziehungen zukommt.

Diese Paradoxie könnte durch eine Blickausweitung aufgelöst werden: Bisher waren ethnisch-kulturelle Einflussfaktoren nur aus der Objektperspektive, d.h. der Sicht auf tatsächliche Merkmale der in Beziehung stehenden Gruppen, ins Auge gefasst worden.

Möglicherweise erklärt sich die große Bedeutung als ethnisch-kulturell wahrgenommener Faktoren gar nicht aus dieser ihrer Relevanz auf der Objektebene, sondern beruht auf einer Wirklichkeit ‚zweiter Ordnung', d.h. eben auf der Wahrnehmung der Merkmale ‚erster Ordnung' von Seiten der beteiligten Gruppen.

Im Zentrum einer solchen Meta-Analyse steht im Regelfall der Blick der Mehrheitsbevölkerung auf die Zuwanderergruppen (entsprechende Untersuchungen zur Konstruktion der Mehrheitsbevölkerung von Seiten der Zuwanderergruppen liegen noch kaum vor). Dies gilt dementsprechend auch für die nachfolgende kritische Auseinandersetzung mit dem Versuch, den ‚gordischen Knoten' der aufgewiesenen Paradoxien auf diesem Weg zu zerschlagen.

Die Einführung dieser zweiten Dimension [Selbst-/Fremdexklusion] richtet sich gegen ein in der Soziologie verbreitetes und tiefsitzendes Vorurteil. Es besagt, daß der eigentliche, wenn nicht einzige Akteur in Exklusions-/Inklusionsprozessen die Gruppe sei, in die ein- oder aus welcher ausgeschlossen werden soll. Dieses Vorurteil erklärt sich aus der generellen Annahme, daß das Handeln kleiner Gruppen ... in letzter Instanz ihrer jeweiligen gesellschaftlichen ,Umwelt' zugerechnet werden müsse, und zwar sowohl kausal als auch moralisch-politisch. (Johannes Weiß 2002: 162)

II. Schuld ist immer die Mehrheitsgesellschaft: Was sein soll, muss auch sein

Zwei Einseitigkeiten machen noch keine Zweiseitigkeit

In den ersten Jahrzehnten der publizistischen und wissenschaftlichen Beschäftigung mit der Frage, wie ein möglichst konfliktfreies Zusammenleben zwischen der angestammten deutschen Mehrheitsbevölkerung und der zunehmenden Anzahl von Zuwanderern aus anderen Ländern zu gewährleisten sei, lag der Fokus eindeutig auf den Neu-Hinzugekommenen. Im Zentrum standen deren Eigenschaften und vor allem diejenigen Defizite auf ihrer Seite, die ihre Integration in die bundesdeutsche Gesellschaft erschweren. Die entsprechend sich konstituierenden Forschungsrichtungen und Studiengänge hießen in der Folge ,Ausländerforschung' oder ,Ausländerpädagogik'. Zwar gab es auch schon zu diesem Zeitpunkt etwa eine umfangreiche Vorurteilsforschung, die die Einstellungen der Mehrheitsbevölkerung zu den Neuankömmlingen ins Auge fasste; im Integrationsdiskurs selbst dominierte aber eindeutig der Blick auf die Zugewanderten. Dies fand unter anderem seinen Ausdruck darin, dass bis in das neue Jahrtausend sich nahezu alle Integrationsstudien ausschließlich mit den Merkmalen der Zuwanderer befassten; bis heute gilt dies für die gängigen Integrationsindikatorensysteme: Integration wird in ihnen wesentlich als Angleichung der Lebenslagen, sozialen Praktiken und Einstellungen der Zuwanderer an diejenigen der Mehrheitsbevölkerung gemessen (sie stellen insofern tatsächlich eher ‚Assimilationsindikatorensysteme' dar; multi- und interkulturelle Integrationsprozesse sind durch sie kaum zu erfassen[59]). In den 1990er und frühen 2000er Jahren ist diese Blickverengung auf Integrationsprozesse schrittweise problematisiert worden[60]. Hervorgehoben wurde dabei, dass es sich bei Integration nicht um die Anpassung einer von außen kommenden Gruppe an eine festgefügte und auf den Prozess nicht einflussnehmende Mehrheitsgruppe handelt, sondern um einen Vorgang, der auch die Mehrheitsbevölkerung in einem mehrfachen Sinne betrifft. Zum einen nimmt die Art und Weise, in der die Mitglieder dieser Mehrheitsbevölkerung Zuwanderer wahrnehmen und sich ihnen gegenüber verhalten, entscheidenden Einfluss auf Integrationsprozesse: Ob die Mehrheitsbevölkerung den Zuwanderern insgesamt eher unterstützend-akzeptierend oder diskriminierend-ablehnend gegenübertritt, beeinflusst selbstverständlich den Erfolg bzw. Misserfolg von Integration. Zum anderen verändert die soziale Interaktion zwischen Mehrheitsbevölkerung und Zuwanderern auch das Verhalten und die Einstellung ersterer. Integration wird so als zweiseitiger Prozess z w i s c h e n den beteiligten Gruppen sichtbar, und die empirische Forschung muss dem dadurch Rechnung tragen, dass sie in Integrationsstudien beide Gruppen gleichermaßen zum Gegenstand macht. Diesem Postulat tragen inzwischen tatsächlich viele Studien Rechnung (für die o.g. kommunale Integrationsbefragung beispielsweise war eine solche Orientierung leitend).

Aber auch auf diesem Feld lässt sich das oben bereits identifizierte ‚Hinausschießen über das Ziel' beobachten. Inzwischen ist die publizistische und wissenschaftliche Beschäftigung mit Integrationsprozessen und ihren Problemen von einer Sicht dominiert,

---

59 Darauf hat Bade (2009: 66) hingewiesen. Das von ihm mit ins Leben gerufene ‚Integrationsbarometer' des Sachverständigenrats Deutscher Stiftungen für Integration und Migration bezieht im Unterschied dazu beide Seiten der Einwanderungsgesellschaft ein.

60 Zum lange Zeit einseitigen Blick der Integrationsforschung auf die Zuwanderer und zum Paradigmenwandel hin zu einer Einbeziehung auch der Mehrheitsbevölkerung in die Forschung siehe Geiger 1998a: 331ff. und Foroutan 2015: 3f.

in der die Dynamik und die Störungen dieser Prozesse vorwiegend oder sogar ausschließlich an Verhaltensweisen und Einstellungen der Mehrheitsbevölkerung festgemacht werden. Möglicherweise zugrunde liegende Versäumnisse auf Seiten der Zuwanderer geraten so nicht mehr in den Blick; abweichende Positionen, die daran festhalten, dass zur Zweiseitigkeit von Integrationsprozessen eben auch gehört, die Zuwanderergruppen und eventuelle Defizite auf ihrer Seite einzubeziehen, werden marginalisiert und in Einzelfällen auch diffamiert. Das theoretische Rüstzeug für eine solche diskurs- und forschungsleitende Orientierung liefert die sogenannte ‚Ethnisierungsthese', die oben bereits kursorisch angesprochen worden ist. Diese tritt – ähnlich wie die bereits vorgestellten Dekonstruktionsversuche von Kultur – in zwei Varianten auf. In der kruderen von beiden wird tatsächlich, wie oben gesehen, die Existenz ethnisch-kulturell bedingter Gemeinsamkeiten innerhalb von Zuwanderergruppen und der Mehrheitsbevölkerung in Frage gestellt. Wenn dem so ist, können ethnisch-kulturelle Merkmale der Zuwanderer selbstverständlich keinerlei Einfluss auf das Handeln und die Einstellungen von Zuwanderern und damit auf Integrationsprozesse nehmen. Die dessen ungeachtet einflussreiche Thematisierung der Beziehung zwischen Zuwanderern und Mehrheitsbevölkerung entlang unterschiedlicher ethnisch-kultureller Herkünfte kann dann nur noch aus einem politisch und sozial motivierten Interesse der Mehrheitsbevölkerung an einer solchen ‚Ethnisierung' der Zuwanderer beruhen. Differenzierter, allerdings mit demselben Ergebnis, argumentiert die These von der „Belanglosigkeit von Ethnizität": Bestritten werden hier zwar nicht die allzu offensichtlichen kulturellen Unterschiede zwischen Mehrheitsbevölkerung und Zuwanderern, sondern in Frage gestellt wird deren *primäre* soziale Relevanz. Aus dieser Sicht sind für die Beziehungen zwischen den Angehörigen beider Gruppen und für Störungen innerhalb dieser Beziehungen in erster Linie nicht ihre unterschiedlichen kulturellen Orientierungen und Praktiken verantwortlich, sondern handfeste soziale und politische Interessengegensätze. Bedeutung gewinnen ‚ethnische Unterschiede' erst *sekundär* auf der ideologischen Ebene einer Uminterpretation solcher sozialer und politischer Gegensätze in ethnisch-kulturelle von Seiten der Mehrheitsgesellschaft und ihrer wissenschaftlichen und pädagogischen Institutionen[61].

Aus einer solchen Perspektive ergibt sich, dass Integrationsuntersuchungen ihr Augenmerk vor allem auf das Handeln und die Einstellungen der Mehrheitsbevölkerung und ihrer Institutionen zu richten haben. Neben dieser zunächst analytischen Festlegung folgert aus dieser Sichtweise auch eine politisch-normative Verantwortungszuschreibung für Probleme innerhalb des Integrationsprozesses. Wenn dieser im Wesentlichen von der Mehrheitsgesellschaft gesteuert wird, sind seine Ergebnisse selbstverständlich auch politisch-normativ vorwiegend oder ausschließlich dieser zuzurechnen. Im Folgenden wird diese Konsequenz erneut anhand eigener Forschungserfahrungen des Autors und weiterführender theoretischer Überlegungen verdeutlicht und kritisiert.

In der Nacht der Ethnisierungsthese sind alle Zuwanderer grau, oder: hausgemachte Probleme der Mehrheitsgesellschaft?

Als Reaktion auf die wachsende Zuwanderung bulgarischer und rumänischer EU-Bürger im Anschluss an die Einführung der (eingeschränkten) EU-Arbeitnehmerfreizügigkeit vor allem in die Ruhrgebietsstädte sind 2011 zwei dieser Städte eine Kooperation eingegangen, die sich mit den aus dieser Zuwanderung erwachsenden Herausforderungen und möglichen Antworten auf diese befassen sollte. Ein Baustein dieser Kooperation sollte das bessere Kennenlernen der Herkunfts- und Lebenssituation der neuen und insofern relativ unbekannten Zuwanderergruppen sein. Leitend war hierbei die zumindest auf den ersten Blick einleuchtende Annahme, dass der kommunalpolitische Umgang mit diesen Gruppen mit solchen Kenntnissen wesentlich zielführender gestaltet werden

61 In der deutschen Debatte wird diese einflussreiche Position beispielsweise von Bukow/Llaryora 1993, Bukow 1996, Dittrich/Radtke 1990b und Radtke 1991 vertreten. Zu ihrer Darstellung und Kritik siehe Geiger 1998b: 17ff. Als neuere ‚Anwendung' dieser theoretischen Position auf die nach Deutschland zugewanderten Roma siehe Jonuz 2009.

könne. Hierzu wurde ein Forscherteam mit der Anfertigung einer Studie zu diesen Gruppen beauftragt, unter Leitung des auf dem Gebiet der inter-ethnischen Beziehungen renommierten Forschers Wolf-Dietrich Bukow (der zu den maßgeblichen Vertretern, in gewisser Weise sogar Begründern der genannten Ethnisierungsthese gehört).

Die Erwartungen an diese Studie waren auf Seiten der kommunalen Auftraggeber sehr hoch gesteckt. Erste Zweifel an der Erfüllung dieser Erwartungen sind dem an dieser Städtekooperation beteiligten Autor bereits gekommen, als in der ersten Präsentation von Ergebnissen durch dieses Team im Zentrum die multikulturellen Erfahrungen in Frankfurt a. M. und in Kanada standen und so gut wie kein Wort über die Zielgruppen der Studie und die städtischen Kontexte fiel, in denen sie leben. Diese überraschende Verschiebung des Fokus hätte damit zusammenhängen können, dass die Forschergruppe sich in einem auch für sie völlig neuen Untersuchungsfeld zunächst orientieren musste und deshalb zu einem frühen Zeitpunkt noch keine spezifischen Ergebnisse vorzulegen in der Lage war. (Zu diesem Zeitpunkt existierten noch so gut wie keine Studien zu diesen neuen Zuwanderergruppen, und es handelte sich so wirklich um Neuland.)

Diese gutwillige Interpretation hat sich im Verlauf der weiteren Studie nicht bestätigt, vielmehr blieben ihre Ergebnisse - trotz verschiedener Versuche ihrer Neuadjustierung im Gespräch mit dem Projektleiter - aus Sicht der kommunalen Auftraggeber in mehrfacher Hinsicht hinter ihren Erwartungen zurück. Dies betraf sowohl die empirischen Ergebnisse der Studie als auch die aus ihnen abgeleiteten Handlungsorientierungen und die abschließende Gesamtinterpretation[62].

In ersterer Hinsicht hat die Studie so gut wie keine Erkenntnisse in Bezug auf die Herkunfts- und aktuelle Lebenssituation der

62 Die Studie selbst ist nicht veröffentlicht worden. Zentrale der beschriebenen Ergebnisse und Etikettierungen wurden in Bukow 2013 öffentlich gemacht. Diese Ergebnisse wurden nochmals aufgegriffen von einer Mitautorin der Studie (Cudak 2017).

beiden Gruppen erbracht, die über das von den kommunalpolitischen Akteuren vor Ort bereits gesammelte Erfahrungswissen hinausgegangen sind. Besonders ins Gewicht fiel dabei die Tatsache, dass sich die durchgeführten Interviews auf die bulgarische Gruppe konzentrierten (da diese aufgrund ihrer türkischen Sprachkenntnisse für das Forschungsteam offensichtlich leichter zugänglich war). Diese Beschränkung war dadurch folgenreich, dass es in beiden Städten gerade die rumänische Gruppe war, die die kommunalen Akteure vor gravierendere Herausforderungen stellte. Darüber hinaus wurde aus schwer ersichtlichen Gründen die erwartete vergleichende Untersuchung der Situation beider Gruppen in den beiden Städten nicht angegangen. Aufgrund dieser völlig unzureichenden Hintergrunds- und Situationsanalyse blieben auch die von den Auftraggebern erwarteten konkreten Handlungsvorschläge entsprechend unspezifisch und wenig hilfreich für die beteiligten Kommunen.

Weiten Raum und erheblich größeres Gewicht widmete die Studie allgemeinen Überlegungen zu multikulturellen Situationen in städtischen Kontexten und dem Einfluss, den die Institutionen der Mehrheitsgesellschaft auf solche Situationen nehmen.

Zunächst wurde dabei die ‚Normalität' von Migrationsprozessen gerade in den beteiligten Kommunen ins Feld geführt, die seit Mitte der 1950er Jahre stark von solchen Prozessen, den mit ihnen verbundenen Herausforderungen und entsprechenden mehr oder wenig erfolgreichen Lösungsversuchen geprägt sind. Aus dieser generalisierenden Perspektive zeigten die Forscher Unverständnis für die Besorgnis der beteiligten Kommunen angesichts der aktuellen Zuwanderungsprozesse, da solche Herausforderungen ja nichts Neues für sie darstellen würden und an sich nur auf bereits bewährte Strategien zurückzugreifen sei.

Die Möglichkeit, dass Umfang und Art der Neuzuwanderung die Stadtgesellschaft vor andersartige und größere Herausforderungen stellen könnten als vorangegangene Zuwanderungen, wurde dabei von vornherein ausgeblendet. Aus diesem Grund war auch ein differenziertes Eingehen auf die spezifischen Merkmale dieser Gruppen nicht notwendig; die Anmerkung aus dem Kreis der beteiligten kommunalen Mitarbeiter, dass es doch sehr sinnvoll sei, mehr darüber zu erfahren, mit wem man es eigentlich zu tun habe, um daraus auch spezifische Folgerungen für das eigene Handeln abzuleiten, wurde von Seiten der Forschergruppe bestenfalls mit Unverständnis quittiert.

Erklärlich wurde diese Ignoranz gegenüber dem konkreten ‚Forschungsgegenstand' aus der letztendlichen Ursachen- und Verantwortungszuschreibung für die unbestreitbaren Probleme innerhalb des anstehenden Integrationsprozesses. Da die Ursachen für solche Probleme (im Einklang mit der zugrunde liegenden Ethnisierungsthese) nicht bei den spezifischen Merkmalen der beiden Zuwanderergruppen zu suchen waren, mussten diese an dem Verhalten und den Einstellungen der Mehrheitsbevölkerung (in diesem Fall in erster Linie der beteiligten kommunalen Akteure) festgemacht werden: Die Herausforderungen im Zuge der Neuzuwanderung wurden als weitgehend von den Kommunen „hausgemacht" identifiziert und ihnen wurde durchaus auch „latenter Rassismus" zum Vorwurf gemacht, ein Vorwurf, der allein mit einer hochselektiven und tendenziösen semantischen Analyse einzelner kommunaler Dokumente und keineswegs anhand einer Untersuchung des tatsächlichen Verhaltens der Kommunen begründet wurde. (Auch vor dem weniger diplomatischen Vorwurf eines „modernisierten Rassismus als Wegbereiter eines urbanen Antiziganismus" ist der Projektleiter dieser Studie in der Folge nicht zurückgeschreckt[63].)

Angesichts dieser Schlussfolgerungen sahen die beteiligten Kommunen nach intensiver fachlicher Auseinandersetzung mit dem Forscherteam keinerlei Basis für einen weiteren Austausch (und setzten den für die Generierung des dringend notwendigen Handlungswissens fachlichen Diskurs mit anderen themenvertrauten Wissenschaftlern fort).

63 Siehe hierzu Bukow 2016. An anderem Ort (Bukow/Cudak 2014) haben die Autoren der Studie sogar eine „Einwanderungs- und Integrationsindustrie" ausgemacht, innerhalb derer öffentliche Einrichtungen wirtschaftlichen Gewinn aus der Lebenssituation bulgarischer und rumänischer Zuwanderer ziehen.

Für den Kontext dieses Essays zeigt sich an einem solchen Vorgehen, wie im Ausgangspunkt anspruchsvolle wissenschaftliche Vorhaben im weiteren Verlauf die empirische Spezifität ihres Forschungsgegenstandes aus den Augen verlieren und letztlich nur noch der Bestätigung der eigenen aus ideologischen Quellen stammenden generalisierten Überzeugungen dienen[64].

Im Folgenden wird deutlich werden, dass solche politisch-ideologisch motivierten Überzeugungen nicht selten auch zu einer massiven Ausblendung und sogar Verfälschung vorliegender empirischer Befunde führen.

Statt sich mit wirklichen Integrationsergebnissen von realen Menschen auseinander zu setzen, bleibt man lieber unter sich im faktenfreien ideologischen Traumland, wo vor allem eines zählt: dass man sich gegenseitig durch die Einnahme der „richtigen" Position und der gelegentlichen Exkommunikation von Abweichlern vergewissern kann, zu den „Guten" zu zählen … Faktenfreie Argumentation ist leider nicht nur auf der rechtspopulistischen Seite des politischen Spektrums weit verbreitet. (Ruud Koopmans 2017: 16 u. 24)

Der Umgang mit den Tatsachen: von der Ausblendung und Selektion zur Verfälschung von Forschungsergebnissen

Die festgefügte Überzeugung, dass für Probleme im Zusammenleben zwischen Mehrheitsbevölkerung und Zuwanderern vorrangig erstere verantwortlich zu machen ist, trifft immer wieder auf die Widerständigkeit der Tatsachen und tritt so in Gegensatz zu entsprechenden empirischen Forschungsergebnissen. Aus wissenschaftlicher Perspektive wäre angesichts solcher entgegenstehender empirischer Evidenzen eine Überprüfung und gegebenenfalls Modifizierung dieser Überzeugung naheliegend. Leider besteht die

64 Koopmans (in: Lau 2017) hat deshalb der Migrationsforschung den Vorwurf gemacht, sie sei „Politik mit anderen Mitteln".

gängige Umgangsweise aber in einem unveränderten Festhalten an ihr; wenn dafür die Nicht-Berücksichtigung von Forschungsergebnissen, ihre selektive Präsentation oder sogar ihre Verfälschung notwendig ist, wird immer wieder auch selbst von renommierten Forschern und Institutionen davor nicht zurückgeschreckt.

Höhere Kriminalitätsraten einzelner Zuwanderergruppen – auch eine Konstruktion der Mehrheitsbevölkerung und ihrer Institutionen?

Die Debatte um deutlich höhere Kriminalitätsraten von Zuwanderern im Vergleich zu Einheimischen ist so alt wie die Integrationsdebatte selbst und hat durchaus klärende Ergebnisse erbracht.

Zunächst lässt sich ein solcher Unterschied empirisch nicht bestreiten: Häufig liegt die Tatverdächtigtenquote (die aus methodischen Gründen hierzu herangezogen werden muss) unter Ausländern[65] um ein Zwei- bis Dreifaches höher als bei Deutschen. Gezeigt worden ist aber genauso, dass bei Kontrolle unterschiedlicher Faktoren, etwa bei Berücksichtigung des Alters der Tatverdächtigen und Nicht-Berücksichtigung von ausländer- und asylrechtlichen Verstößen, die ausschließlich für die Ausländergruppe Relevanz besitzen, ein beträchtlicher Teil dieser Unterschiede wegfällt. Darüber hinaus hat die Forschung immer wieder Effekte des unterschiedlichen polizeilichen Umgangs mit beiden Gruppen nachgewiesen: Im Rahmen eines *racial profiling* schätzen die Ordnungsbehörden Personen, die aufgrund ihres äußeren Erscheinungsbildes und ihrer Sprache der Gruppe der Zuwanderer zuzuordnen sind, als besonders verdächtig ein und widmen ihnen dementsprechend deutlich größere Aufmerksamkeit. Dass dies zu einer Erhöhung des Anteils an Tatverdächtigten in Zuwanderergruppen führt, ist nicht überraschend[66].

---

65 Aus Gründen der Datenverfügbarkeit wird bei der Berechnung von Kriminalitätsraten meist auch heute noch weiter auf die Ausländergruppe Bezug genommen. Zu dieser Einschränkung der Polizeilichen Kriminalstatistik und den damit verbundenen Verzerrungen siehe Steinwand 2010: 84ff.

66 Als Überblick über die sachliche, methodische und datenbezogene Komplexität der vergleichenden Kriminalitätsbetrachtung von Zuwanderern siehe Geißler

Häufig wird aber nicht geprüft, ob solche statistischen und institutionellen Einflussfaktoren derart starke Unterschiede in den Tatverdächtigtenquoten beider Gruppen *vollständig* erklären können; vielmehr wird allein die Existenz solcher Faktoren als hinreichender Beleg für die statistische und institutionelle Konstruiertheit eines besonders ausgeprägten Kriminalitätsverhaltens auf Seiten von Zuwanderern/Ausländern genommen[67].

Darüber hinaus kranken die meisten Studien zur Kriminalität von Zuwanderergruppen an dem oben benannten Mangel der zu pauschalen Betrachtung dieser Gruppen: Traditionell wird in solchen Studien nach der Kriminalität der Großgruppe der Ausländer gefragt, in wenigen Ausnahmen werden inzwischen auch Personen mit Migrationshintergrund mit deutscher Staatsangehörigkeit berücksichtigt. Differenzierungen nach unterschiedlichen Staatsangehörigkeiten werden zwar in den vorhandenen Datengrundlagen (wie der Tatverdächtigtenstatistik) vorgenommen, in den darauf basierenden Studien aber so gut wie gar nicht[68]. (Nach dem bisher Gesagten dürfte klar sein, dass ein anderes Vorgehen, d.h. die Berücksichtigung der Herkunftsnationalität der Tatverdächtigten,

---

2001, Trautmann 2002: 83-121 und Schellhoss 2019. Eine Zusammenfassung der keineswegs eindeutigen Befunde kriminologischer Forschung zur Kriminalität von Zuwanderern findet sich in Neubacher 2017: 157-163. Als Beispiel für den beschriebenen, wenig tatsachen-, aber dafür umso interessengelenkteren Umgang mit dieser Frage siehe z.B. Schmoliner 2004. Kritisch zu der vorherrschenden Infragestellung höherer Kriminalitätsraten von Ausländern siehe Steffen 2001. Zur aktuellen Auseinandersetzung mit der Frage der Kriminalität von Zuwanderern siehe auch die Ergebnisse der Fachkommission Integrationsfähigkeit 2021.

67 Als Beispiel für eine multikausal orientierte empirische Untersuchung, die es erlaubt, kulturelle, altersbezogene und sozialstrukturelle Differenzen in ihrem Einfluss auf delinquentes Verhalten von Ausländern zu gewichten, siehe hingegen Walburg 2014.

68 Siehe hierzu beispielsweise Feltes et al. 2016, die zwar auf die Differenzierung der Tatverdächtigtenstatistik nach Staatsangehörigkeit hinweisen, in ihren Analysen aber nur die beiden Großgruppen der Ausländer und der Personen mit Migrationshintergrund verwenden. Zur enormen zwischennationalen Spannweite von Kriminalitätsraten und zur Relevanz der Berücksichtigung der Unterschiede zwischen nationalen Herkunftsgruppen für ein besseres Verständnis der Kriminalitätsursachen siehe Renz 2017. Zu den unterschiedlichen Kriminalitätsraten wichtiger Staatsangehörigkeitsgruppen siehe auch Steinwand 2010: 171.

unmittelbar den Vorwurf der Ethnisierung auf den Plan rufen würde.)

In beiden Hinsichten hat der Autor regelmäßig seine Erfahrungen in den oben schon angesprochenen Forschungskontexten zu bulgarischen und rumänischen Zuwanderern gemacht: Immer wieder werden die deutlich höheren Kriminalitätsraten beider Gruppen entweder schlichtweg bestritten oder mit dem Hinweis auf die *racial profiling*-Hypothese ad acta gelegt. Umfangreiche multikausale Analysen, um das zu be- oder zu widerlegen, waren in dem gegebenen Forschungskontext nicht möglich. Allerdings zeigen die Kriminalitätsberichte der Großstadt, auf die sich die Forschung bezog, eine bemerkenswerte Anomalie in Bezug auf die *racial profiling*-Hypothese: Während die Tatverdächtigtenquote der bulgarischen Staatsbürger vergleichbar zu derjenigen anderer Ausländergruppen war, machte sie bei den rumänischen Staatsbürgern nahezu das Vierfache derjenigen der bulgarischen aus. (2016 betrug der Tatverdächtigtenanteil der bulgarischen Staatsbürger an der bulgarischen Gesamtbevölkerung der betreffenden Stadt 5,9 %, der der rumänischen Staatsbürger 20,2 %[69].) Es ist aber keineswegs davon auszugehen, dass die Ordnungsbehörden in der Lage sind, zwischen beiden Gruppen aufgrund äußerer Merkmale und Sprache zu unterscheiden, und ein solch massiver Unterschied kann demnach kaum durch Prozesse des *racial profiling* erklärt werden. Der entsprechende mehrfache Hinweis des Autors auf diese Anomalie hat in keinem Fall dazu geführt, die entsprechende Hypothese in Frage zu stellen. Bestenfalls war eine kurzfristige Irritation

69 Siehe hierzu Polizeipräsidium Duisburg 2017: 61. Dort befinden sich die absoluten Zahlen der Tatverdächtigten für beide Gruppen. Die genannten Prozentsätze beziehen sich auf die Gesamtzahl aller Duisburger Einwohner mit bulgarischer bzw. rumänischer Staatsangehörigkeit. Da damit auch die bei der Berechnung von Tatverdächtigtenquoten üblicherweise nicht berücksichtigten Kinder unter 8 Jahren mitgezählt sind und die rumänische Bevölkerungsgruppe in Duisburg in dieser jüngsten Altersgruppe deutlich stärker vertreten ist als die bulgarische, ergäbe sich für eine präzisere Berechnung sogar ein noch größerer Unterschied zwischen beiden Gruppen. – Eine vergleichbare Sonderstellung nehmen die rumänischen Staatsangehörigen schon frühzeitig auch auf Bundesebene ein: Ihr Anteil an den nicht-deutschen Tatverdächtigten gemessen an ihrem Bevölkerungsanteil ist mit Abstand der größte unter den wichtigsten Zuwanderernationalitäten in Deutschland. Siehe hierzu Steinwand 2010: 66.

auf Seiten ihrer Vertreter zu spüren, die aber keineswegs verhinderte, dieselbe Hypothese bei der nächsten Gelegenheit erneut mit derselben Überzeugtheit ins Feld zu führen. Die auch aufgrund der anderweitigen Forschungsergebnisse des Projekts naheliegende These, dass die hohe Kriminalitätsrate von rumänischen Zuwanderern etwas mit ihren spezifischen sozialen und ethnisch-kulturellen Merkmalen zu tun hat, wurde in diesem Kontext auf jeden Fall nicht als weiterverfolgenswert angesehen. Tatsächlich wiesen die rumänischen Zuwanderer sowohl von ihrer Situation in ihren Herkunftsländern als auch von ihrer Lebenssituation in Deutschland eine deutlich schwierigere soziale Lage und einen deutlich höheren Roma-Anteil auf. Beide Faktoren hätten in weiterführenden Analysen auf einen möglichen Einfluss auf das Kriminalitätsverhalten dieser Zuwanderergruppe untersucht werden können. Stattdessen wurde aber weitaus größeres Gewicht darauf gelegt, dieses spezifische Kriminalitätsverhalten auf jeden Fall nicht in Beziehung zu Zuwanderermerkmalen zu setzen, sondern den diskriminierenden Zuschreibungen durch die Mehrheitsbevölkerung und ihre Institutionen zuzuordnen. (Dieses Vorgehen hat auch bei der Zuwanderung positiv gegenüberstehenden Vertretern der Mehrheitsbevölkerung in dem untersuchten Stadtteil zu großer Empörung geführt, da die Verantwortung für die nachgewiesenermaßen deutlich höhere Kriminalität von rumänischen Zuwanderern mit ihren Konsequenzen für die Situation und das soziale Klima im Stadtteil damit ausschließlich der Mehrheitsbevölkerung zugerechnet wurde. Und es ist rechtspopulistischen Akteuren vor Ort immer wieder gelungen, den berechtigten Unmut darüber für ihre Zwecke zu missbrauchen.)

Armutszuwanderung – Mythos und/oder Wirklichkeit? Oder von der interessengeleiteten Auswahl und Verfälschung der Tatsachen

Ein wichtiger Streitpunkt im öffentlichen und wissenschaftlichen Umgang mit der wachsenden Zuwanderung aus Bulgarien und Rumänien stellt die Frage dar, ob es sich bei den zugewanderten

Gruppen in der Hauptsache um ‚Armutszuwanderer' handelt. Weniger umstritten war dabei die Tatsache, dass die überwiegende Zahl der Zuwanderer zumindest in die Ruhrgebietsstädte aus Armutsverhältnissen in den Herkunftsländern stammt. Ausgesprochen kontrovers war die Frage, ob die Mehrzahl dieser Zuwanderer aufgrund unterstellter unzureichender Bildungsvoraussetzungen in Deutschland keinen Zugang zum Arbeitsmarkt finden würde. Eine eigenständige Sicherung ihres Lebensunterhalts wäre damit nicht garantiert, ihr Verbleiben in Armutssituationen vorprogrammiert und eine umfangreiche Inanspruchnahme von Sozialleistungen unvermeidbar.

Vor diesem Hintergrund ist nicht überraschend, dass die Beschäftigungsperspektiven bulgarischer und rumänischer Zuwanderer (und ihre Bildungsvoraussetzungen) im Zentrum einer intensiv und emotional hoch aufgeladenen Debatte standen (es ist genau diese Debatte, auf die sich Joachim Gauck in seinem diesem Text vorangestellten Appell bezogen hat).

Der Rede von ‚Armutszuwanderung', die unter anderem der Deutsche Städtetag aufgrund der Erfahrungen der betroffenen Städte maßgeblich befördert hat, wurde von verschiedener Seite entgegengehalten, dass es sich dabei um eine unangebrachte ‚Panikmache' handele, die sich für fremdenfeindliche Instrumentalisierungen eigne[70]. Entsprechend hoch war der Aufwand, um dieser Sichtweise empirisch den Boden zu entziehen.

Erstmals und massiv ist der Autor mit solchen Versuchen in Diskussionen mit nordrhein-westfälischen Hochschullehrerinnen zur Entwicklung arbeitsmarkt- und wohnungspolitischer Projekte für die Neuzuwanderer aus Bulgarien und Rumänien konfrontiert worden. Auf die einleitende Darstellung der kommunalen Vertreter, mit welchen immensen Herausforderungen die betreffende Kommune in Bezug auf diese Gruppen im Beschäftigungs-, Sozial- und Wohnungsbereich konfrontiert sei, wurden ihnen die neuesten

70 Zur These, die Annahme einer Armutszuwanderung sei Ausdruck sozial- und kulturrassistischer Argumentationsmuster siehe beispielsweise Bade 2017: 519ff. Ähnlich siehe Benz 2014: 151-191.

‚Erkenntnisse' zur Beschäftigungs- und in der Folge Lebenssituation beider Gruppen ideologiekritisch entgegengehalten: Die renommierte deutsche Wochenzeitung DIE ZEIT[71] habe Forschungsergebnisse präsentiert, die belegten, dass mehr als 80 % der zwischen 2007 und 2011 zugewanderten bulgarischen und rumänischen Staatsbürger sozialversicherungspflichtig beschäftigt seien. Vor diesem Hintergrund könne es sich bei den auf diese Gruppe bezogenen beschäftigungs-, sozial- und wohnungspolitischen ‚Katastrophenmeldungen' nur um eine an Dramatisierung interessierte Verfälschung der tatsächlichen Situation handeln.

Diese Behauptung stand in direktem Gegensatz zu den Erfahrungen der beteiligten kommunalen Akteure und zum Anlass des Gesprächs und entzog der weiteren Diskussion in gewisser Weise die Basis. Besonders irritiert von den genannten Daten war der Autor in seiner Eigenschaft als Kommunalstatistiker: Zum einen hatte er für die betreffende Großstadt einige Tage vorher eine Auswertung der sozialversicherungspflichtigen bulgarischen und rumänischen Zuwanderer durchgeführt, die einen Anteil von unter 10 % erbracht hatte; zum anderen war ihm bekannt, dass in der deutschen Bevölkerung keine soziodemografische Gruppe einen Anteil an sozialversicherungspflichtiger Beschäftigung von über 80 % erreicht: Die in dieser Hinsicht sicherlich privilegierte Gruppe männlicher Einwohner mit deutscher Staatsangehörigkeit im Alter zwischen 25 und 50 Jahren brachte es 2011 gerade mal auf 65,5 %; der Wert für die gesamte Bevölkerung mit deutscher Staatsangehörigkeit im erwerbsfähigen Alter zwischen 15 und 65 Jahren lag im selben Bezugsjahr bei 55,9 %[72].

Die Suche des Autors nach der Quelle dieser ‚bahnbrechenden' These führte zu der besagten Wochenzeitschrift und weiteren einflussreichen Medien sowie dem dort verwendeten Zitat eines der führenden deutschen Migrationsforscher, Klaus Bade, das genau diese Behauptung enthielt.

---

71 Die hier nur skizzierte Recherchekette ist im Detail, d.h. mit den dazugehörigen bibliografischen Verweisen und Daten, in Beyersdorff/Böckler 2014 nachgezeichnet.

72 Zu den genannten Daten siehe Bundesagentur für Arbeit 2013.

Auf die Rückfrage an diesen Wissenschaftler, auf welchen Forschungsergebnissen seine These beruhe, wurde der Autor auf eine vom Sachverständigenrat deutscher Stiftungen für Integration und Migration durchgeführte Studie verwiesen. Diese habe genau den besagten Anteil erbracht.

Eine Sichtung der Studie[73] hat neben anderen Schwächen, auf die noch eingegangen wird, vor allem gezeigt, dass in ihr ein ganz anderes Maß für die Beurteilung der Integration in den Arbeitsmarkt angelegt worden war als das in der oben genannten Behauptung verwendete: Keineswegs war dort der Indikator ‚sozialversicherungspflichtige Beschäftigung' ausgewertet worden, sondern derjenige der ‚Erwerbstätigkeit'. Dieser Indikator basiert auf einer von der Internationalen Arbeitsorganisation verwendeten Definition von Beteiligung am Erwerbsleben, der gemäß eine Person, die in der Berichtswoche mehr als eine Stunde gegen Bezahlung beschäftigt ist, als ‚erwerbstätig' gilt[74]. Es liegt auf der Hand, dass zwischen beiden Definitionen und den von ihnen abgedeckten Gruppen Welten liegen: Für sozialversicherte Personen sind zentrale soziale Absicherungen wie Kranken- und Arbeitslosenversicherung per definitionem garantiert; darüber hinaus ist eine sozialversicherungspflichtige Beschäftigung im Regelfall längerfristig und mit einer existenzsichernden Vergütung verbunden. ‚Erwerbstätigkeit' im definierten Sinn liegt hingegen beispielsweise auch schon vor, wenn die betreffende Person eine oder mehrere Stunden in der Woche die kommunale Obdachlosenzeitschrift verkauft. Sie erlaubt also keinerlei Aussagen über die Integration in den regulären Arbeitsmarkt und noch viel weniger über die Möglichkeit, den eigenen Lebensunterhalt ohne Inanspruchnahme von Sozialleistungen zu bestreiten.

---

73 Sachverständigenrat deutscher Stiftungen für Integration und Migration 2013.

74 Laut Internationaler Arbeitsorganisation ist jede Person im erwerbsfähigen Alter erwerbstätig, die in einem einwöchigen Berichtszeitraum mindestens eine Stunde lang gegen Entgelt oder im Rahmen einer selbstständigen oder mithelfenden Tätigkeit gearbeitet hat. Zu dieser Definition siehe Statistisches Bundesamt 2012: 5.

Dass der tatsächliche Rückgriff auf den Indikator ‚sozialversicherungspflichtige Beschäftigung' zu völlig anderen als den behaupteten Anteilen führt, hat auch eine anschließend vom Autor durchgeführte Auswertung gezeigt: Für das Bezugsjahr 2012 betrug die bundesweite Sozialversicherungspflichtigen-Quote für die rumänischen und bulgarischen Zuwanderer 32 % und lag damit deutlich unter derjenigen für die Gesamtbevölkerung (53,2 %) und derjenigen der Gesamtgruppe der Ausländer (34,9 %); für die beiden einbezogenen Ruhrgebietsstädte lag sie bei 14,8 bzw. 10,8 % und machte damit nur die Hälfte bzw. ein Drittel der Quote für die Gesamtgruppe der Ausländer aus[75].

Die Verwendung des genannten Indikators ‚Erwerbstätigkeit' ist als solche nicht illegitim und für bestimmte Zwecke sinnvoll; auffallend ist, dass die Verfasser der Studie an keinem Punkt die Definition dieses Maßes und damit seine geringe Aussagekraft für den vorliegenden Kontext explizit gemacht haben.

Erschwerend, d.h. den Anteil an Erwerbstätigen aus den untersuchten Gruppen systematisch überschätzend, kam hinzu, dass die Forscher die Bezugsgruppe für die Bestimmung des Prozentanteils der Erwerbstätigen in unüblicher Art und Weise festgelegt haben: In der amtlichen Statistik wird der Anteil der Erwerbstätigen normalerweise an der Altersklasse zwischen 15 und 65 Jahren bemessen; die Forscher der genannten Studie haben ihre Prozentuierung hingegen an der Altersgruppe zwischen 15 und 44 Jahren vorgenommen, d.h. an einer besonders ‚berufsaktiven' Altersklasse, und so auch auf diesem Weg den entsprechenden Erwerbstätigen-Anteil gesteigert.

Schließlich hat eine Nachfrage beim Statistischen Bundesamt, das für die der Studie zugrunde gelegten Mikrozensusdaten verantwortlich zeichnet, erbracht, dass die vermutlich mangelnde Repräsentativität dieser Daten für die Zielgruppen der Studie einen vergleichbaren Überschätzungseffekt zur Folge haben kann: Aufgrund der spezifischen sprachlichen und sozialen Zugangsprobleme zu besonders benachteiligten Teilgruppen der bulgarischen und rumänischen Zuwanderer ist davon auszugehen, dass gerade

75 Zu diesen Daten siehe Beyersdorff/Böckler 2014: 60.

diese Teilgruppen stichprobenmäßig unterrepräsentiert sind. Dies bedeutet umgekehrt, dass eher gebildete und sozial etablierte Teilgruppen überrepräsentiert waren und dies natürlich die Gesamtergebnisse zusätzlich ‚geschönt' hat.

Weitaus besorgniserregender als diese interessengeleiteten methodischen Verzerrungen ist der weitere Verlauf der Angelegenheit, insbesondere das Verhalten des genannten Migrationsforschers, der offensichtlich eine weitaus gröbere und folgenreichere Verfälschung der Tatsachen in die Welt gesetzt hat. Selbstverständlich kann auch einem derart erfahrenen Forscher ein solch grober Fehler unterlaufen. Darauf und auf die fatalen Konsequenzen dieses Fehlers hingewiesen und darum gebeten, diesen aus ‚Gründen wissenschaftlicher Redlichkeit' öffentlich richtig zu stellen, ist weder dieser Bitte entsprochen noch überhaupt die Kommunikation von seiner Seite weitergeführt worden.

Erst auf Nachfrage eines Redakteurs einer anderen deutschen Wochenzeitschrift relativierte er diese konkrete Aussage, allerdings ohne von seiner allgemeinen Behauptung, die betreffenden Gruppen seien in der überwiegenden Mehrzahl gut ins Erwerbsleben integriert, Abstand zu nehmen[76] (eine Behauptung, von der er trotz ihres offensichtlich kontrafaktischen Charakters auch in späteren Publikationen nur soweit wie unbedingt nötig abgerückt ist[77]). Und selbst die Schaffung der Voraussetzungen für ein solches minimales Zugeständnis war nicht ohne Hindernisse und Einschränkungen möglich: Auch in der besagten Wochenzeitschrift bestanden offensichtlich erhebliche Bedenken, ein solches ‚heißes Eisen' anzufassen und damit den entsprechenden Konsens in der ‚kritischen' Integrationsdebatte in Frage zu stellen. Und auch der Artikel, der schließlich trotz dieser Vorbehalte doch erschienen ist, entschärfte

[76] Siehe Ulrich 2014.

[77] Siehe hierzu Bade 2017: 521. Dort wird bei der Darstellung der Bildungssituation der bulgarischen und rumänischen Zuwanderer unter anderem die Tatsache unterschlagen, dass die Bezugsstudie des Sachverständigenrats trotz der beschriebenen methodischen Verzerrungen bei den nach 2004 zugewanderten bulgarischen und rumänischen Zuwanderern bundesweit 39,5 % ohne Berufsabschluss ausweist (gegenüber einem Anteil von 8,3 % bei den Personen ohne Migrationshintergrund).

den ursprünglich angezielten meta-kritischen Blick auf diese Debatte deutlich; sein wenn auch in Anführungszeichen gesetzter Titel ‚Deutschland profitiert" signalisierte dabei sogar auf den ersten Blick eine ganz andere Kernaussage des Artikels (aufgrund der bundesweit umstrittenen und kommunenbezogenen eindeutigen Datenlage wäre zumindest ein Fragezeichen angebracht gewesen).

Zum Abschluss noch ein kurzes Wort zum tatsächlichen Verlauf seitdem. In gewisser Weise haben die europarechtlichen Bedingungen zum Zeitpunkt der Durchführung der genannten Studien deren Aussagekraft in einem grundsätzlichen Sinn in Frage gestellt: Durch den nur beschränkten Zugang bulgarischer und rumänischer Staatsbürger zum deutschen Arbeitsmarkt war deren Arbeitsmarktintegration institutionell eingeschränkt und konnten die geringen Quoten hierfür nicht unbedingt überraschen. Tatsächlich ließ die Herstellung der vollen Arbeitnehmerfreizügigkeit für beide Gruppen zum 1.1.2014 den Anteil der sozialversicherungspflichtigen Beschäftigten unter ihnen massiv ansteigen.

Genauso deutlich stieg allerdings seitdem der Anteil der Bezieher von SGB II-Leistungen unter ihnen an. Dies gilt in jedem Fall für die betroffenen Ruhrgebietsstädte und in geringerem Umfang auch für die gesamtdeutsche Situation[78].

Zumindest dieser Teil beider Gruppen (und die ebenfalls relevante Teilgruppe derjenigen, die nicht erwerbstätig sind und keinerlei Ansprüche auf Sozialleistungen besitzen) gehört demnach auch heute noch zur Armutsbevölkerung – trotz aller wissenschaftlichen und publizistischen Bemühungen, eine solche ‚Armutszuwanderung' durch einen selektiven und verfälschenden Umgang mit den Tatsachen aus der Welt zu schaffen[79].

---

78 Zu diesen Entwicklungen nach der Herstellung der vollen Freizügigkeit siehe Böckler 2015a und Böckler et al. 2017: 64ff. Zur datengestützten Auseinandersetzung über die Frage der ‚Armutszuwanderung' siehe Böckler 2015b, insbesondere und kontrovers Brücker et al. 2015 und Böckler 2015c. Zu einer umfassenden Darstellung der verschiedenen Aspekte der Zuwanderung aus Südosteuropa unter der Perspektive einer ‚Armutsmigration" siehe Matter 2015a.

79 Zur auch heute noch in Bezug auf die tatsächlichen Verhältnisse vollständig desinformierten Sichtweise der Arbeitsmarktintegration bulgarischer und rumänischer Zuwanderer und der entsprechend einseitigen politischen Verortung der Debatte siehe Gress 2019.

Überall nur Diskriminierung und Vorurteile? Oder: der Umgang der Mehrheitsgesellschaft mit Zuwanderung

Das Vorliegen von negativen und stereotypisierenden Vorurteilen und diskriminierenden Praktiken gegenüber Zuwanderern von Seiten der Mehrheitsbevölkerung und ihrer Institutionen kann aufgrund der hierzu existierenden umfangreichen Forschung nicht bestritten werden. Im Integrationsdiskurs nehmen solche mehrheitsbasierten Einflussfaktoren allerdings eine strategische Bedeutung an, die weit über diese empirischen Evidenzen hinausgeht und nicht selten mit der interessengeleiteten Verfälschung solcher Evidenzen einhergeht.

Oben war bereits darauf hingewiesen worden, dass bei multikausalen Analysen der Arbeitsmarkt- und Bildungsbenachteiligung von Zuwanderern auch bei Berücksichtigung aller relevanten gruppenbezogenen sozialen und bildungsmäßigen Drittvariablen häufig ein nicht unerheblicher Resterklärungsbedarf verbleibt. Dieser könnte durch verschiedene Faktoren abgedeckt werden: Zum einen könnten zur Erklärung eines solchen bisher nicht geklärten Anteils an Benachteiligung sonstige, ethnisch- und sozio-kulturelle Faktoren herangezogen werden; zum anderen könnte dieser Benachteiligungsanteil auf abwertende Einstellungen und strukturelle und personelle Diskriminierungen gegenüber Zuwanderern auf dem Arbeitsmarkt und im Bildungssystem zurückgeführt werden, und schließlich könnten beide Erklärungsansätze im Rahmen einer multikausalen Erklärung gemeinsam in Anspruch genommen werden.

Nun existieren wie gesagt eine Vielzahl von Untersuchungen, die das Vorliegen solcher Vorurteile und Diskriminierungen dokumentieren[80]; diesem Einflussfaktor ist also eine Erklärungsrelevanz nicht abzusprechen. Die oben genannte kommunale Integrationsbefragung beispielsweise hat nicht nur eine besonders starke struk-

80 Als Überblick über die verschiedenen Formen und Felder von Diskriminierung siehe Scherr et al. 2017.

turelle Benachteiligung der befragten türkeistämmigen Bevölkerung erbracht, sondern auch eine besonders ausgeprägte Distanz und negative Bewertung dieser Zuwanderergruppe durch die Einheimischen, ein Faktor, der mit hoher Wahrscheinlichkeit Einfluss auf die Integration zwischen beiden Gruppen nimmt.

Keineswegs ist damit aber im konkreten Fall - und noch viel weniger für andere nicht untersuchte Fälle - entschieden, dass dieser Faktor allein ausschlaggebend ist. Für den konkreten Nachweis eines solchen Einflusses wäre sein Vorliegen nicht nur pauschal zu konstatieren, sondern in seinem Einfluss im Verhältnis zu anderen Faktoren zu gewichten. Dort, wo ein solcher Einfluss von Vorurteilen und diskriminierenden Praktiken der Mehrheitsgesellschaft empirisch gar nicht untersucht worden ist, kann selbstverständlich nicht ohne Weiteres von seinem Vorliegen ausgegangen werden - was in den entsprechenden Diskursen regelmäßig der Fall ist[81].

Vorliegen und Einfluss solcher Vorurteile und Diskriminierungen scheinen so zu einem nicht hinterfragbaren Universalschlüssel für das Verständnis misslingender Integrationsprozesse zu werden. Sollte dieser Schlüssel aber auf die vorliegenden Daten doch mal nicht passen, gilt auch in diesem Fall immer wieder die Maxime ‚Umso schlimmer für die Daten'.

Ein drastisches Beispiel für einen solchen Umgang mit empirischen Forschungsergebnissen ergab sich in der oben genannten Studie zur bulgarischen und rumänischen Zuwanderung. Gemäß der Annahme der Zweiseitigkeit von Integrationsprozessen bezog diese Studie auch die Einstellungen und das Verhalten der Mehrheitsbevölkerung und ihrer Institutionen systematisch ein. Einer der hierfür relevanten Bausteine war eine Expertenbefragung, in der die interviewten Mitarbeiter städtischer und zivilgesellschaftli-

81 Zur für eine Vielzahl von Fällen nachgewiesenen Relevanz von Diskriminierung genauso wie zu deren häufiger pauschalen und damit ungeprüften Inanspruchnahme siehe Koopmans 2017: 107ff. Seine eigene multivariate Analyse zeigt, dass für die von ihm untersuchten Gruppen Diskriminierung im Vergleich zu soziokulturellen Faktoren keinen signifikanten Einfluss besitzt. Zu ähnlichen Ergebnissen kommen Becker/Beck 2012 in ihrer multivariaten Untersuchung der Nachteile von Migrantenkindern im deutschen Schulsystem.

cher Institutionen unter anderem zu ihrer Einschätzung der Einstellung und des Umgangs der Mehrheitsbevölkerung und ihrer Institutionen in Bezug auf die beiden Zuwanderergruppen befragt wurden. Grundsätzlich war – auch wegen der institutionellen Nähe der Untersuchung zur Stadtverwaltung – die an sich selbstverständliche ‚Neutralität' der Forscher von der Projektleitung nochmals explizit eingefordert worden: Die Darstellung der Ergebnisse sollte weder von Rücksichtnahmen gegenüber städtischen Mitarbeitern und Einrichtungen noch von den eigenen Einschätzungen der Mitglieder der Forschungsgruppe gegenüber der Arbeit der Stadtverwaltung beeinflusst werden. Allein leitend für die Auswertungen sollten die Inhalte der geführten Interviews sein; diese waren von der Auswahl der Interviewpartner möglichst breit angelegt, um so auch ein möglichst breites Spektrum an auch sehr kritischen Einschätzungen gegenüber der Stadtverwaltung abzudecken.

Vor dem Hintergrund dieser Bemühungen war die entsprechende Darstellung der Ergebnisse der Experteninterviews durch den zuständigen Mitarbeiter aber doch sehr überraschend. Schon im theoretischen Vorspann, in dem der Aspekt des Umgangs der Mehrheitsbevölkerung und ihrer Institutionen mit Zuwanderern grundsätzlich verortet wurde, lag der Schwerpunkt ausschließlich auf diskriminierenden und vorurteilsbeladenen Umgangsformen. Alternative Umgangsformen akzeptierender und unterstützender (oder auch nur gleichgültiger) Art wurden noch nicht einmal als mögliche Kandidaten für die empirische Auswertung der Erwähnung für wert gehalten.

Weniger überraschend war nach diesem Aufschlag, dass in der Auswertung selbst umfangreiche Interviewpassagen, die solche nicht-diskriminierenden Umgangsformen von Seiten der Mehrheitsgesellschaft beschrieben, schlichtweg ignoriert wurden. Eine hierdurch notwendige erneute Durchsicht und Auswertung der betreffenden Befragungsmitschriften beförderte zu Tage, dass die in der ersten Auswertung verwendeten Beispielzitate für das Vorliegen von Diskriminierungen im Wesentlichen aus zwei der 20 Experteninterviews herausdestilliert waren. Die anderen Interviews, die zum größten Teil ‚gemischte' Beurteilungen des Verhaltens der einheimischen Bevölkerung und der Stadtverwaltung enthielten –

und auf diesem Hintergrund selbstverständlich die in ihnen auch enthaltenen positiven Einschätzungen –, waren in der Auswertung so gut wie gar nicht berücksichtigt worden. Die im Vorspann schon deutlich gewordenen negativ stereotypisierenden Vorurteile des Auswerters gegenüber dem Verhalten der Mehrheitsgesellschaft fanden in einer derart verfälschten Auswertung selbstverständlich Bestätigung.

Für den Kontext dieses Essays fällt hierbei insbesondere ins Gewicht, dass diese Verfälschungen von einem wegen seiner Erfahrung, Seriosität und Kompetenz in der Forschungsgruppe besonders geschätzten Wissenschaftler vorgenommen wurden; offensichtlich war selbst für einen solch ‚integren' Forscher das Interesse, sein Bild eines vollständigen Versagens der Mehrheitsgesellschaft und ihrer Institutionen zu bestätigen, wichtiger als eine korrekte Wiedergabe der Ergebnisse der von ihm selbst durchgeführten Befragungen.

Die Politik kann ihre eigene Integrität nur wahren und das ihr inhärente Versprechen… nur einlösen, wenn sie die Grenzen … der Dinge respektiert, die Menschen nicht ändern können, die ihrer Macht entzogen sind und die nur durch lügenden Selbstbetrug zum zeitweiligen Verschwinden gebracht werden können … Wahrheit könnte man begrifflich definieren als das, was der Mensch nicht ändern kann … sie ist der Grund, auf dem wir stehen, und der Himmel, der sich über uns erstreckt. (Hannah Arendt 2019 (1967): 92)

(Fast) alle Antiziganisten? Zum politischen Missbrauch wissenschaftlicher Forschungsergebnisse

Innerhalb der Beschäftigung mit den Einstellungen zur Zuwanderung aus Bulgarien und Rumänien kam der Frage der Vorurteile der deutschen Mehrheitsbevölkerung insbesondere gegenüber den Roma-Teilgruppen dieser Zuwanderer eine besondere Bedeutung zu.

Auch um dieser Frage nachzugehen, beauftragte die für solche Themen zuständige Antidiskriminierungsstelle des Bundes 2013 eines der führenden Rassismus- und Vorurteilsforschungsinstitute in der Bundesrepublik mit der Durchführung einer Studie zu den Einstellungen der deutschen Mehrheitsbevölkerung gegenüber Sinti und Roma. Die Ergebnisse dieser Studie[82] selbst und die daran anschließende öffentliche Auseinandersetzung ließen einige für die Verwendung wissenschaftlicher Forschungsergebnisse ‚anomale' Umgangsweisen der zuständigen Behörde zu Tage treten.

Bei einer ersten Durchsicht der Studie fiel zunächst ins Auge, dass sie eingeleitet wurde durch ein Vorwort, das vor allem eine Auflistung von Handlungsempfehlungen enthielt. Nun erwartet man üblicherweise, dass solche Handlungsempfehlungen eine wissenschaftliche Studie abschließen und nicht einleiten. Anomal war darüber hinaus die Tatsache, dass diese Handlungsempfehlungen nicht etwa von den Autoren der Studie (als Konsequenz ihrer Forschungsergebnisse) formuliert wurden, sondern von einer seinerseits merkwürdigen Ko-Autorenschaft der zuständigen Behörde und der einflussreichsten deutschen Minderheitenselbstorganisation der Roma und Sinti. (Dem Autor zumindest sind anderweitige Fälle, in denen staatliche Behörden gemeinsam mit Interessenverbänden der Betroffenen Handlungsempfehlungen formulieren, nicht bekannt.)

Der aufkommende Verdacht, dass hier zwischen Wissenschaft und Politik etwas ‚schief gelaufen' ist, wird von der Lektüre des Textes und dem politischen Umgang mit seinen Inhalten bestätigt. Im Vorspann des genannten Vorworts, der die Ergebnisse der Studie kurz resümiert, werden ihre Befunde als „dramatisch" dargestellt: Die Untersuchung zeige, dass ein beträchtlicher Teil der deutschen Mehrheitsbevölkerung starke Vorurteile gegenüber Roma und Sinti aufweise und diese Gruppe durchweg ablehne. Diese dramatische Situation mache auch die im Folgenden benannten umfassenden Maßnahmen notwendig, um solchen vorurteilsbeladenen und ablehnenden Einstellungen entgegenzuwirken.

82 Antidiskriminierungsstelle des Bundes 2014.

Im ersten Satz der von den Wissenschaftlern verfassten Zusammenfassung der Ergebnisse wird sofort deutlich, dass diese sich aus deren Sicht weitaus weniger dramatisch darstellen als von den politisch Beteiligten behauptet. Ein geschlossenes Feindbild der deutschen Mehrheitsbevölkerung gegenüber Sinti und Roma könne aus den Ergebnissen nicht abgeleitet werden; vielmehr ergebe sich aus den durchgeführten Befragungen eher eine unentschiedene, gleichgültige Haltung der Mehrheitsbevölkerung gegenüber diesen Gruppen.

Auch die Lektüre des weiteren Textes spricht eher dafür, dass Roma und Sinti für große Teile der Befragten eher kein Thema als ein stark mit Vorbehalten und Ablehnung aufgeladenes darstellen. Dies kann auch kaum überraschen, da die Studie auf einer gesamtnationalen Stichprobe beruht und so keinerlei Regionalisierung erlaubt. Für die Bevölkerung weiter Teile der Bundesrepublik stellt sich dieses Thema aber kaum, insofern als sie so gut wie keinen Kontakt zu diesen Gruppen besitzt (und mediale Inszenierungen dieses Themas offensichtlich auch keinen besonderen Einfluss auf sie gewonnen haben). Möglicherweise hätten sich andere Ergebnisse ergeben, wenn man die Befragung in Städten durchgeführt hätte, in die in jüngster Vergangenheit relativ umfangreiche Gruppen von Roma zugewandert sind. Dort wäre vermutlich eine deutlich intensivere Auseinandersetzung mit dem Thema und möglicherweise auch eine deutlich höhere Ablehnung dieser Gruppen vorgefunden worden[83]; damit wären aber auch die angezielten Ergebnisse der Studie regional zu spezifizieren gewesen, und das umfassende Bild einer insgesamt antiziganistisch eingestellten deutschen Bevölkerung hätte nicht gestützt werden können.

Die zuständige Bundesbehörde verbreitete dieses Bild umfangreich medial, und so entstand in der Öffentlichkeit der Ein-

83 Die Studie von Pickel et al. 2019 weist beispielsweise für Berlin als eine der stark von der Zuwanderung von bulgarischen und rumänischen Zuwanderer betroffenen Städte einen solchen Fortbestand bzw. eine Reaktivierung antiziganistischer Vorurteile nach, auch wenn diese nur bei Minderheiten der Berliner Bevölkerung vorliegen.

druck, die Mehrheit der deutschen Bevölkerung besitze tiefgehende und hoch negativ aufgeladene Vorurteile gegenüber Sinti und Roma und lehne sie in der Folge stark ab.

Allerdings haben die Medien in diesem Fall ihre kritische Funktion voll erfüllt: Zwei Redakteure einer deutschen Wochenzeitschrift haben sich die Mühe gemacht, hinausgehend über das Vorwort der Studie und die Presseveröffentlichungen der Bundesbehörde die Studie ‚weiterzulesen'[84]; dabei ist ihnen die oben angesprochene Diskrepanz zwischen der einleitenden und öffentlichen Präsentation der Forschungsergebnisse auf der einen und diesen Ergebnissen selbst auf der anderen Seite aufgefallen. Sie haben sich daraufhin auf den Weg zu den verantwortlichen Wissenschaftlern gemacht, um diese offensichtliche Diskrepanz aufzuklären. Dort sind sie in erschreckendem Ausmaß fündig geworden: Aus den Gesprächen wurde klar, dass das Vorwort mit seiner dramatisierenden Kurzzusammenfassung der Ergebnisse und den Handlungsempfehlungen gegen den ausdrücklichen Wunsch der Wissenschaftler in die Veröffentlichung eingefügt worden ist und diese insofern auch in der Sache ‚nichts mit ihm zu tun hatten'. Darüber hinaus bestätigten sie auch weitgehend das von den Journalisten bemerkte ‚Auseinanderklaffen' zwischen der öffentlichen Präsentation der Ergebnisse und deren tatsächlichen Gehalten. Deutlich wurde darüber hinaus in diesen Gesprächen auch, dass sich ein Teil der öffentlich verbreiteten Prozentzahlen zur Ablehnung von Roma und Sinti von Seiten der deutschen Bevölkerung aus einer Zusammenfassung von Skalenwerten der entsprechenden Fragen durch die Behörde ergab, die von der von den Wissenschaftlern selbst verwendeten abwich – einer Zusammenfassung, die nicht überraschenderweise zu einer deutlichen Erhöhung der Ablehnungswerte führte.

Die unterschiedlichen Interessenlagen und Erkenntnisbezüge von ‚politischen Auftraggebern' und ‚Wissenschaft', die solchen Diskrepanzen zugrunde lagen, resümierte der projektleitende Hochschullehrer Wolfgang Benz, ein renommierter Zeithistoriker

84 Zum nachfolgend beschriebenen Ablauf siehe Fleischhauer/Witsch 2014.

und langjähriger Direktor des Berliner Zentrums für Antisemitismusforschung, schließlich in den Grenzen der diplomatischen Rede, aber durchaus deutlich: „Das Schwierige an Auftragsstudien ist, dass die Politik gern eindeutige Ergebnisse hat, was die Wissenschaft oft nicht liefern kann."

‚Anomal' war auch der Umgang der Leiterin der zuständigen Bundesbehörde mit dem auf dieser Basis veröffentlichten Zeitschriftenartikel. Als Reaktion auf ihn wurde einer der führenden deutschen Medienjuristen beauftragt, mit der Redaktion besagter Zeitschrift Kontakt aufzunehmen, um dort „zur Vermeidung späterer juristischer Auseinandersetzungen" darum zu bitten, „die Positionen [der Leiterin] wahrheitsgemäß wiederzugeben". Außer einer in der Sache nicht weiterführenden Gegendarstellung der Behörde war die Angelegenheit damit aber wohl erledigt; eine juristische Auseinandersetzung über die Inhalte des Artikels war offensichtlich von Seiten der Behörde doch nicht gewünscht. Die Angelegenheit schlug medial weitere Wellen und führte in anderen einflussreichen Medien zu kritischen Kommentaren des Vorgehens der Behörde (unter anderem in der Süddeutschen Zeitung und auf unterschiedlichen Internetportalen[85]). Auch das hinderte diese Behörde nicht daran, weiter durchs Land zu reisen und mit derselben Unverfrorenheit wie vor dieser kritischen Debatte die These eines tief in der deutschen Bevölkerung verankerten Antiziganismus zu verbreiten. Der Autor hatte die lehrreiche Gelegenheit, an einer solchen Veranstaltung teilzunehmen; sein Versuch, dabei durch den Hinweis auf die in den Medien vollzogene Richtigstellung die Diskussion an einer ‚wahrheitsgemäßen' Darstellung der Ergebnisse der Studie zu orientieren, ist kläglich gescheitert. Vielmehr wurden die von seiner Seite vorgestellten Ergebnisse der bereits angesprochenen Duisburger Studie, die eine nur begrenzt antiziganistische Orientierung auch der in dieser Studie interviewten Einheimischen aufwiesen, mit dem Hinweis auf ein vermutliches ‚methodisches Artefakt' in Frage gestellt.

---

85 Siehe hierzu https://www.sueddeutsche.de/politik/diskriminierung-wissenschaftler-kritisieren-zuspitzung-der-sinti-und-roma-studie-1.2159083 und https://zensurenspiegel.wordpress.com.

Es war tatsächlich so, dass diese lokalen Ergebnisse auch für den Autor überraschend waren und er für die Zukunft von der Notwendigkeit tiefergehender Untersuchungen überzeugt war; genauso überzeugt war und ist er allerdings davon, dass auch die Bestätigung der bisherigen Ergebnisse durch eine solche vertiefende Analyse kaum zu einer Veränderung der Einschätzung des Publikums in Bezug auf einen umfassenden und tiefverankerten Antiziganismus auch in der lokalen Mehrheitsbevölkerung geführt hätte.

Täter und Opfer im Integrationsdiskurs, oder: die Vernebelung des Denkens durch generalisierte Schuldgefühle

Der aufgewiesenen pauschalen Ursachen- und damit Verantwortungszuschreibung an die Mehrheitsgesellschaft liegt nach den Erfahrungen des Autors ein tiefverankertes Opfer-Täter-Schema zugrunde, das Minderheiten grundsätzlich in der Opfer-, Mehrheiten in der Täterrolle sieht. Eingelassen in eine solche Semantik ist nicht nur die vom unterstellten Täter ausgehende Handlungsverursachung, sondern auch seine moralische Verantwortlichkeit (und eine entsprechende moralische Freisprechung des unterstellten Opfers[86]). Dieses Schema basiert sowohl auf strukturellen Merkmalen der Mehrheits-Minderheitsbeziehung überhaupt als auch auf einer in dieser Form nur für die deutsche Gesellschaft typischen Opfer-Täter-Semantik.

In ersterer, struktureller Hinsicht sind im Regelfall die Machtverhältnisse zwischen Mehrheitsbevölkerung und ihren Institutionen auf der einen und Minderheiten auf der anderen Seite stark

86 Zu dieser grundsätzlichen Opferrolle von Mitgliedern der Minderheit und ihrer damit verbundenen moralischen Höherbewertung siehe Koopmans 2017: 21. Unter dem vielsagenden Titel „Böse Deutsche, gute Ausländer" siehe hierzu schon 1991 Knight/Kowalsky. Zu Hintergrund und Folgen der Opfersemantik innerhalb einer ‚Identitätslinken Läuterungsagenda' siehe umfassend Kostner 2019.

asymmetrisch[87]: In nahezu allen Lebensbereichen definiert die Mehrheitsgesellschaft die zulässigen und gebotenen Handlungsmöglichkeiten, und die Mitglieder der Minderheitengruppen müssen diese weitgehend auch für sich akzeptieren. Auch dort wo rechtlich und institutionell Minderheitenschutz gewährleistet ist, betreffen die dadurch geschaffenen autonomen Handlungsspielräume der Minderheiten meist nur einzelne Segmente des gesellschaftlichen Zusammenlebens. Insgesamt legt die Mehrheitsgesellschaft auch in diesem Fall weiterhin die Grenzen des Zulässigen und damit die Handlungsmöglichkeiten der Minderheiten fest. Im Regelfall befinden sich Minderheiten also gegenüber der Mehrheit in einer strukturell schwächeren Position. Im Hintergrund des Integrationsdiskurses steht nicht nur die politisch-normativ nachvollziehbare Parteinahme für den schwächeren Part, sondern auch eine moralische Bewertung der zugrunde liegenden faktischen Machtasymmetrie: Nicht nur wird die Mehrheitsgesellschaft als der stärkere und handlungsbestimmende, die Minderheit als der schwächere und handlungserleidende Part gesehen, sondern regelmäßig wird ersterer auch moralisch eine geringere Dignität gegenüber letzterer zugeschrieben und die Beziehung wird so als Täter-Opfer-Relation definiert.

Einer solchen pauschalen und kontextunabhängigen Betrachtung der Mehrheits-Minderheitenbeziehung steht auf der ‚strukturellen' Seite entgegen, dass die genannte grundlegende Asymmetrie nicht ausschließt, dass es in Einzelbereichen auch Verhaltensweisen und damit auch Verantwortlichkeiten auf Seiten der ‚Schwächeren' geben kann, die die Beziehungen stören. Nach der ‚moralischen' Seite wird übersehen, dass ‚Schwäche' und ‚Stärke' von Minderheiten und Mehrheiten auch stark vom jeweiligen geopolitischen Kontext abhängig sind und davon auch die moralische Beurteilung beider Seiten betroffen ist. Beispielsweise zeigt sich in Auseinandersetzungen zwischen Mehrheiten und Minderheiten,

87 Zu diesen „Folgen asymmetrischer Machtstrukturen zwischen Mehrheit und Minderheit" siehe Schröder et al. 2000: 186f. Zu deren grundsätzlicher Bedeutung für alle Aspekte der Beziehungen zwischen beiden Gruppen siehe Boileau et al. 1992 (1975). Zum Einfluss der jeweiligen Machtverhältnisse auf kulturelle Aushandlungsprozesse siehe Wimmer 1996: 413ff.

die mit schweren Menschenrechtsverletzungen (bis hin zum Genozid) von Seiten der Mehrheit verbunden sind, häufig, dass bei einer Umkehrung der Machtverhältnisse zwischen beiden Gruppen (im Regelfall durch die Intervention äußerer Mächte) die Minderheiten mit vergleichbarer Intoleranz und Grausamkeit gegen die Mitglieder der Mehrheit (und auch gegen die Mitglieder anderer Minderheiten) vorgehen. Zuletzt haben hierfür die Kriege in Jugoslawien Beispiele geliefert[88]. Darüber hinaus entstehen immer wieder - vor allem im Falle nationaler Minderheiten - Situationen, in denen solche Minderheiten von ihrem Mutterstaat massiv unterstützt und sogar für die Infragestellung der Machtverhältnisse im Staat der Mehrheit instrumentalisiert werden. Hierfür liefert die Rolle, die deutsche Minderheiten vor und im Verlauf des Zweiten Weltkriegs für die nationalsozialistische Expansions- und Eroberungspolitik häufig gespielt haben, eine Vielzahl von Beispielen. Moralisches Fehlverhalten scheint demnach viel mehr mit den jeweiligen Machtverhältnissen zu tun zu haben als mit der Zugehörigkeit zur jeweiligen Mehrheit oder Minderheit.

Die Opfer-Täter-Semantik und die mit ihr verbundene pauschale moralische Aufwertung von Minderheiten und entsprechende Abwertung von Mehrheiten besitzen aufgrund der moralischen Katastrophen, die sich in Deutschland im selben Zeitraum in Bezug auf seine internen Minderheiten abgespielt haben, eine weitaus gewichtigere Bedeutung.

Einen eindrucksvollen Beleg hierfür hat der Autor erneut in seiner Tätigkeit als ‚interkultureller Ombudsmann' erlebt. Im Rahmen eines der genannten Erfahrungsaustausche war ein junger Wissenschaftler mit Roma-Hintergrund gebeten worden, der Runde über historische und persönliche Erfahrungen von Roma in Deutschland zu berichten. Nach wenigen Worten war von Ton und Diktion klar, dass er hierbei keinen wissenschaftlich-neutralen Zu-

88 Zur Rolle, die politische (und letztlich militärische) Machtverhältnisse für die Gestaltung der Beziehungen zwischen Mehrheit und Minderheiten spielen, und zu den mit veränderten Machtverhältnissen verbundenen Verschiebungen in den Täter-/Opferrollen siehe in Bezug auf die Nachfolgerstaaten Jugoslawiens Böckler/Grisenti 1996.

gang wählen würde (aus dem durchaus auch moralische Bewertungen hätten abgeleitet werden können), sondern die Perspektive des Opfers. Genauso schnell war klar, dass die Zuhörerschaft sich und die deutsche Mehrheitsgesellschaft quasi reflexhaft der Täterperspektive zuordnete und von da ab mit tiefer Anteilnahme, quasi andächtig und in jedem Fall schuldbewusst seinen Ausführungen folgte. Nun ist gerade wenn man die Geschichte der Roma in Deutschland kennt ein solcher moralischer und gefühlsmäßiger Vorschuss mehr als verständlich; weniger nachvollziehbar ist, was die Runde bereit war, sich dafür antun zu lassen, ohne ihrerseits auch nur ‚einen Mucks' zu tun.

Zunächst bestand der Vortrag darin, die historische Verfolgung und den Genozid der Roma und Sinti im Nationalsozialismus nachzuzeichnen, die der Verfolgung und industriellen Vernichtung der europäischen Juden vergleichbar waren. Dieser Tatbestand ist anschließend über lange Jahrzehnte in der Bundesrepublik geleugnet worden; entweder wurde die Verfolgung, Internierung und Ermordung von Roma und Sinti gänzlich totgeschwiegen oder sie wurde mit ihrer unterstellten sozialen ‚Unzuverlässigkeit' und ‚Abweichung' und nicht mit ihrer ethnischen Herkunft in Verbindung gebracht. Eine Anerkennung und Wiedergutmachung haben die Überlebenden in diesem Zeitraum nicht erfahren. Erst zwischen den 1970er und 1980er Jahren veränderte sich daran etwas, und der nationalsozialistische Völkermord an den Roma und Sinti in der Bundesrepublik wurde offiziell anerkannt.

Schon letztere Information eines veränderten Umgangs mit der Situation der Roma und Sinti in der jüngeren Geschichte hat der Referent seinem Publikum vorenthalten und auf dieser Basis das Szenario der Ablehnung und Diskriminierung der Roma und Sinti auch in der heutigen Bundesrepublik aufgebaut. Fortgesetzt wurde diese allumfassende Opferlegende auf persönlicher Ebene: Der Referent stellte die Behauptung auf, ihm sei sein Vertrag an einer deutschen Hochschule gekündigt bzw. nicht verlängert worden, genau am Tag, nachdem er sich gegenüber seinen Vorgesetzten und Kollegen zu seiner Roma-Zugehörigkeit bekannt habe. Die Korrektheit dieser Behauptung ließ sich selbstverständlich von der

Zuhörerschaft nicht überprüfen; eine solch massive ethnische Diskriminierung durch eine akademische Institution hätte aber nach Ansicht des Autors schon eine gewisse Skepsis gegenüber den Ausführungen des Referenten aufkommen lassen können. Größere Zweifel an seiner Seriosität hätte aber eben der Versuch auslösen müssen, eine bruchlose Kontinuität zwischen der Verfolgung der Roma und Sinti unter dem Nationalsozialismus und ihrer Situation in der heutigen Bundesrepublik herzustellen. Der Hinweis des Autors, dass die Roma und Sinti seit den 1990er Jahren zu einer der offiziell anerkannten nationalen Minderheiten in der Bundesrepublik gehörten, inzwischen starke und einflussreiche Interessenverbände besäßen (siehe oben) und in vielfacher Hinsicht umfassend gefördert würden - auch wenn das selbstverständlich nicht das Fortbestehen von Vorurteilen und Diskriminierungen ausschließen würde -, wurde vom Referenten als sich auf marginale Veränderungen beziehend abgetan. Beim Publikum konnte diese Richtigstellung (bis auf eine Ausnahme) die ‚ehrfurchtsvolle' Stimmung gegenüber dem Vortrag des Referenten nicht aufbrechen und keinerlei kritische Nachfragen auslösen. Auch anderenorts schien die ‚Opferpräsentation' des Referenten Eindruck gemacht zu haben; zumindest wurden seinerzeit Gerüchte kolportiert, nach denen das für Integrationsfragen zuständige Landesministerium plane, mit ihm eine Koordinationsstelle für die Arbeit in Bezug auf die Zuwanderung aus Bulgarien und Rumänien zu besetzen - zu der es aber nicht gekommen ist, auch weil diese Stelle schließlich nicht eingerichtet wurde.

Nun ist nicht zu bezweifeln, dass die deutsche Geschichte des Umgangs mit ethnischen und rassisch etikettierten Minderheiten im heutigen Deutschland eine besondere Sensibilität in Bezug auf solche Minderheiten und ihren besonderen Schutz erforderlich macht; daraus folgt aber keineswegs, dass die Konstruktion tatsächlicher oder befürchteter Kontinuitäten zur nationalsozialistischen Verfolgung und Vernichtung der Minderheiten diejenigen, die sich mit diesen Fragen befassen, derart moralisch und gefühlsmäßig überwältigen muss, dass sie ihr Denken und ihre Kritikfähigkeit vernebelt.

Man sollte eher von Kulturalismus oder Ethnismus sprechen, ... um die neuen kulturell-differentialistischen Formen der Rassenbildung richtig zu bezeichnen und zu kategorisieren. Schon 1964 bezog sich Albert Memmi genau hierauf: „Es ist selten, daß ein biologischer Rassismus keinen psychologischen oder kulturellen Rassismus (was man übrigens eher Ethnismus als einen Rassismus nennen könnte) nach sich zieht" (Memmi 1964: 44 zit. n. Taguieff 1991: 245)

Alles Rassismus? Zum inflationären Gebrauch eines Terminus[89]

Zu einer weiteren moralischen Dramatisierung der Einstellungen und Verhaltensweisen der Mehrheitsbevölkerung trägt der vereinseitigende und interessengeleitete Umgang mit verschiedenen Kategorien bei, die sich auf diese Einstellungen und Handlungsweisen beziehen. Ein solcher Begriff ist ‚Rassismus'.

Ursprünglich wurde dieser Begriff zu Beginn des 20. Jahrhunderts in Bezug auf einen in der Kolonialzeit geprägten Komplex von Bewertungen und Handeln gebildet, der von der genetischen Minderwertigkeit der indigenen Bevölkerung der kolonialisierten Gebiete ausging und daraus deren Ungleichbehandlung durch die als genetisch höherwertig unterstellten Kolonialisatoren ableitete. Faktisch war dieser ‚Rassismus' meist mit einer massiven Ausgrenzung und Diskriminierung der indigenen Bevölkerung bis hin zu ihrer physischen Auslöschung verbunden. In der weiteren Geschichte hat dieser Begriff zunächst immer dann Anwendung gefunden, wenn vergleichbar begründete und folgenreiche Abwertungen und Diskriminierungen von Bevölkerungsgruppen vorlagen, d.h. wenn Bevölkerungsgruppen aufgrund ihrer unterstellten gemeinsamen Abstammung massiven Diskriminierungen ausgesetzt waren. Klassische Anwendungsfälle des Terminus waren und sind z.B. der Umgang mit der afro-amerikanischen Bevölkerung in den Vereinigten Staaten und das Apartheitssystem in Südafrika.

89 Zu diesem „inflationären Gebrauch eines schwammigen Begriffes" siehe Mintzel 1997: 198f.

Ein besonders ‚konsequentes' Beispiel für eine solche biologistisch basierte Abwertung und Diskriminierung hat erneut die deutsche Geschichte zu bieten, in der die Zugehörigkeit zu einer bestimmten ‚Rasse' zur Grundlage ihrer physischen Vernichtung gemacht worden ist[90].

Seit den 1980er Jahren hat der Rassismusbegriff eine folgenreiche Ausweitung erfahren. Mit der Annahme der Existenz eines ‚Kulturrassismus' wurde er von seinem biologistischen Bezugssystem abgelöst. Es wurde angenommen, dass es einen Umgang mit ‚Kultur' gebe, der ähnliche Merkmale und Folgen wie derjenige mit ‚genetischer Herkunft' aufwiese: Indem die Kultur von Minderheitengruppen als statische, nicht oder nur höchst schwierig zu verändernde, aber das Verhalten dieser Gruppen weitgehend bestimmende Größe begriffen wurde, übernehme ‚Kultur' eine ähnliche soziale Funktion wie im traditionellen Rassismus die biologische Herkunft[91].

In Bezug auf eine solche essentialistische Verwendungsweise von ‚Kultur' stellt sich zunächst die Frage, aus welchem Grund für ihre Beschreibung ein Terminus verwendet wird, der aus dem Bereich der ‚Natur' entstammt; der Begriff ‚Kulturrassismus'scheint auf den ersten Blick ein Widerspruch in sich zu sein, indem er zwei an sich unvereinbare Sphären der Handlungsbestimmung zusammenbindet. Auch in Bezug auf die Formen und Folgen eines sol-

---

90 Zur Geschichte dieses ‚alten' Rassismus siehe Geulen 2007. Umfassend zu Geschichte und aktueller Debatte siehe Foroutan et al. 2018. Zum Thema (Anti-)Rassismus siehe neuerdings Bundeszentrale für politische Bildung 2020.

91 Einen guten Überblick über die Entwicklung des Begriffs des ‚kulturellen Rassismus' und die Kritik an ihm gibt der Wikipedia-Artikel ‚Rassismus ohne Rassen' (https://de.wikipedia.org/wiki/Rassismus_ohne_Rassen). In neueren Publikationen wird eine solche auf die Diskriminierung aufgrund von Herkunft, Nationalität und ethnischer Kultur ausgeweitete Konzeption von Rassismus bereits undefiniert und damit selbstverständlich unterstellt. Zur behaupteten Notwendigkeit eines erweiterten Rassismusbegriffs siehe beispielsweise Cremer 2012 in Bezug auf die Sarrazin-Debatte und El-Tayeb 2016: 7-30. Auch in den terminologischen Überlegungen der Fachkommission Integrationsfähigkeit (2021) ist ein solcher erweiterter Rassismusbegriff vertreten und wird auf dieser Basis die Ersetzung von anderen Termini wie ‚Ausländerfeindlichkeit' und ‚Fremdenfeindlichkeit' vorgeschlagen.

chen ‚kulturalistischen Rassismus' ist zu fragen, wieweit die Analogie zum traditionellen biologistischen Rassismus trägt: Ergeben sich aus der unterstellten Un- oder Schwerveränderbarkeit von kulturellen Prägungen legitimatorisch und faktisch dieselben Bewertungs- und Handlungskonsequenzen wie aus der Annahme einer als genetisch vorgegebenen Handlungsbestimmung von Menschen?

Zu fragen ist also, ob dieser neue Begriff nicht notwendige Unterscheidungen in Bezug auf das abwertende und diskriminierende Verhalten der Mehrheitsbevölkerung gegenüber Minderheiten verwischt und damit wesentliche Unterschiede zwischen den traditionellen Formen des Rassismus und den unterstellten neuen Formen aus den Augen verliert. Dies gilt auch angesichts der Tatsache, dass entsprechende biologistische Sichtweisen auch heute noch eine gewichtige Rolle spielen und ihnen berechtigterweise eine besonders kritische Aufmerksamkeit zuzuwenden ist. (Für die Bundesrepublik stellen die einflussreichen Arbeiten von Thilo Sarrazin ein Beispiel für einen solchen traditionell orientierten, biologistisch fundierten Rassismus dar.)

Eine weitere Ausweitung hat der Rassismusbegriff in den letzten Jahren in der öffentlichen (und zum Teil auch in der wissenschaftlichen) Debatte gefunden: Inzwischen werden abwertende Sichtweisen und diskriminierende Handlungen gegenüber ethnisch-kulturellen Minderheiten generell mit diesem Terminus belegt; alternative und möglicherweise dem konkreten Fall besser entsprechende Begriffe wie ‚Nationalismus', ‚Kulturalismus', ‚Ethnizismus', ‚Fremdenfeindlichkeit/Xenophobie', ‚Ethno-/Kulturzentrismus', ‚soziale Distanzierung', ‚Ingroup-Outgroup-Beziehungen' etc. werden in der Folge kaum mehr verwendet. Tatsächlich laufen inzwischen auch Positionen, die empirisch basiert bestimmte integrationsrelevante Defizite im Verhalten von Minderheiten behaupten, Gefahr, als ‚rassistisch' denunziert zu werden[92].

92 Einem derart erweiterten Rassismusbegriff gelten Zuschreibungen von „negativen Eigenschaften oder Verhaltensweisen … zu sozialen Kategorien wie Religion, Nationalität oder Herkunft … als Rassismus" (Sylla/Zakouri 2020: 5) – und das ganz unabhängig von der jeweils einschlägigen sozialen Kategorie und

Und wie gesehen, läuft schon der Versuch der Differenzierung und Erhebung unterschiedlicher ethnisch-kultureller Herkunft Gefahr, derart etikettiert zu werden[93].

Begriffsverschiebungen besitzen nicht nur eine unmittelbare semantische Dimension, sondern verändern meist auch ihr analytisches und politisch-normatives Umfeld. Die heute unter dem Titel ‚Rassismus' abgehandelten Umgangsformen mit ethnischer Diversität werden durch diese Begriffsausweitung in eine historische Kontinuität mit den ursprünglich mit dieser Kennzeichnung verbundenen Verhaltensweisen gebracht. Auf jeden Fall werden dabei Hintergründe und Formen ganz unterschiedlicher Einstellungen und Verhaltensweisen auf einen Nenner gebracht und damit nicht mehr in ihrer Besonderheit bestimmbar. Im Extremfall führt ein solcher inflationärer Gebrauch des Rassismusbegriffs zu einer politisch-moralischen Diskreditierung wissenschaftlicher Forschung: Die Hypothese beispielsweise, relevante Teile der türkeistämmigen Bevölkerung trügen durch ihr Wohn-, Beziehungs- und Heiratsverhalten zu einer Verstärkung der ethnischen Segregation dieser Gruppe und damit zu einer Bildungsbenachteiligung ihrer Kinder aufgrund mangelnder deutscher Sprachkenntnisse bei, wird durch ihre Etikettierung als ‚rassistisch' in ein Kontinuum mit der nationalsozialistischen Vernichtung der europäischen Juden gestellt[94].

---

der empirischen Triftigkeit solcher Zuschreibungen. Dementsprechend ist Migrationsforschern, die Zuschreibungen integrationsbehindernder sozio-kultureller Eigenschaften an bestimmte Zuwanderergruppen als Ergebnis ihrer empirischen Studien vorgenommen haben, auch Rassismus vorgeworfen worden. Zu ähnlichen Erfahrungen siehe beispielsweise Koopmans 2017: 13. Auch der Autor hat ähnliche Erfahrungen machen müssen. Siehe hierzu das Nachwort des vorliegenden Textes.

93 Siehe hierzu die bereits zitierte Arbeit von Supik 2014.

94 Für diesen umstandslosen Übergang vom historischen Rassismus der „Sterilisation und des Massenmords" an Juden sowie Roma und Sinti zu als vom Autor selbst als „freundlich" etikettierten folkloristisch-diskriminierenden Beschreibungen von fremdethnischen Gruppen als aktuellen Formen des ‚Rassismus' siehe beispielsweise Benz 2010: 7f. Auch Bukow/Cudak (2017) legen nicht zufälligerweise das Konzept des ‚Kulturrassismus' ihrer oben bereits dargestellten Kritik an „rassistischen Routinen in der kommunalen Praxis" zugrunde.

Der Einsatz und die ‚erschlagende' Wirkmacht der Herstellung solcher Kontinuitäten in Integrationsdebatten ist bereits mehrfach angesprochen worden.

Jedes Wort ist ein Vorurteil.
(Friedrich Nietzsche 2020 (1878): 549)

Darum sind die Vorurteile des einzelnen weit mehr als seine Urteile die geschichtliche Wirklichkeit seines Seins.
(Hans-Georg Gadamer 2010 (1960): 281)

Vorurteile gegenüber Vorurteilen, oder: ihre Unvermeidbarkeit und ihr möglicher wahrer Kern

Eine weitere mit folgenreichen Missverständnissen verbundene Kategorie in der Beschreibung des Umgangs der Mehrheitsbevölkerung mit Minderheiten ist diejenige des ‚Vorurteils', die auch im vorliegenden Text meist als unproblematisch vorausgesetzt und nur in Einzelfällen durch eine weitere Spezifizierung ihrer Mehrdeutigkeit beraubt worden ist.

Um die hier auftretende ‚Begriffsverwirrung' und ihre Konsequenzen zu verdeutlichen, muss ein Stück weit in die begriffsgeschichtliche, sozialwissenschaftliche und philosophische Auseinandersetzung mit diesem Terminus ausgegriffen werden.

Im deutschen Integrationsdiskurs sind Vorurteile grundsätzlich negativ besetzt[95]: Es handelt sich um Typisierungen und Bewertungen sozialer Gruppen, die diesen generalisierend negative Eigenschaften zuschreiben[96]. Solche Zuschreibungen sind meist nicht erfahrungsbasiert und aus diesem Grund auch neuen Erfahrungen und Argumenten nur schwer zugänglich und damit kaum

95 Die im Folgenden dargestellte ‚Rehabilitierung des Vorurteilsbegriffs' wird beispielsweise in der italienischen Debatte deutlich breiter rezipiert. Siehe hierzu Jervis 1996 und Boileau 1987.

96 Zu dieser in der deutschen Diskussion gängigen Definition von Vorurteilen siehe beispielsweise Bergmann 2005 und Heckmann 2015: 206.

veränderbar. Aufgrund ihres gegenüber der Erfahrung apriorischen Charakters entsprechen Vorurteile den tatsächlichen Eigenschaften der beurteilten Gruppe im Regelfall nicht, besitzen also keinen Wahrheitsgehalt. Enthalten ist in diesem Begriff von Vorurteil damit eine Dichotomie von wirklichkeitsverfälschenden Sichtweisen auf der einen, wahrheitsgetreuen Wiedergaben der Wirklichkeit auf der anderen Seite; eine Dichotomie, die auf die Kritik der Aufklärung an traditionsvermittelten Vorurteilen und deren Gegenüberstellung zu rational und empirisch begründbaren Urteilen zurückgeht.

Es kann kein Zweifel daran bestehen, dass diese Beschreibung auf eine Vielzahl von empirischen und bewertenden Urteilen gegenüber sozialen Gruppen zutrifft; genauso wenig kann bezweifelt werden, dass das Vorhandensein derartiger Vorurteile das Zusammenleben zwischen sozialen Gruppen, in diesem Fall der Mehrheitsbevölkerung und den Minderheiten, schwer belastet. Auffällig ist hierbei erneut, dass es in Debatten über diese Art von Vorurteilen und meist auch in den entsprechenden Studien meist ausschließlich um die Sichtweisen der Mehrheitsbevölkerung geht; dass trivialerweise auch Minderheiten gegenüber Mehrheiten (oder anderen Minderheiten) solche beziehungsbelastenden Einstellungen aufweisen können[97] und dies auch immer wieder tun, wird nur selten berücksichtigt. Eine weitere Einschränkung dieser Vorurteilskonzeption besteht darin, dass sie im Regelfall nur negative Voreinstellungen gegenüber Gruppen einbezieht, was dem kritischen Verwendungsinteresse dieser Konzeption entspricht, allerdings weniger den Tatsachen: Offensichtlich existieren gegenüber bestimmten nationalen Gruppen durchaus auch insgesamt positive Merkmalszuschreibungen und Bewertungen, und anderen nationalen Gruppen werden in den entsprechenden Stereotypisierungen sowohl positiv als auch negativ beurteilte Merkmale zugeschrieben.

Beide Blickverengungen sind natürlich im Sinne der moralischen Diskreditierung der Mehrheitsbevölkerung funktional: Vorurteile geraten nur dann in den Blick, wenn sie von der Mehrheits-

---

97 Siehe hierzu beispielsweise Greuel/Glaser 2012.

bevölkerung geäußert werden, und das mit negativem Vorzeichen.

Nicht nur wegen solcher Einschränkungen deckt dieser Vorurteilsbegriff weder die ursprüngliche Bedeutung des Terminus noch die Vielfalt dessen ab, was auch im heutigen Sprachgebrauch als Vorurteil bezeichnet wird.

Geschichtlich geht der Begriff des Vorurteils auf seine juristische Verwendung eines ‚Urteils vor dem Urteil' zurück[98]. Dabei ist dieses Vor-Urteil keineswegs willkürlich und ohne Bezug auf die Tatsachen formuliert, sondern stellt eine vorläufige Bewertung dieser Tatsachen dar, die in der Folge durch das endgültige Urteil bestätigt oder auch verworfen werden kann. Das Vor-Urteil stellt insofern also einen wichtigen Schritt in einem graduellen Prozess der Wahrheitsfindung dar.

Einen solchen begriffsgeschichtlichen Hintergrund hat die hermeneutische und phänomenologische Befassung mit diesem Terminus und seinem begrifflichen Umfeld in der Folge zur Basis einer umfassenden Rehabilitierung von Vorurteilen und Typisierungen gemacht. Vorurteile als vorläufige und vereinseitigende Typisierungen und Bewertungen nicht nur von Gruppen, sondern auch von Institutionen und sozialen Praktiken stellen laut dieser Rehabilitierung ein notwendiges Element der Orientierung in der natürlichen Welt und im sozialen Leben dar[99]. Wie oben schon angesprochen, geht jede begriffliche Zusammenfassung von Sachverhalten davon aus, dass sich die unter sie befassten Elemente auch in anderen als den begriffsdefinierenden Merkmalen ähnlich sind. Insofern sind Typisierungen also ein Grundbestand unseres Welt-Wissens überhaupt[100], und dies gilt dementsprechend auch für soziale Gruppen: Dass jemand einer bestimmten nationalen Gruppe

98 Zu dieser ursprünglichen Verwendung und der im Zuge der Aufklärung erfolgten Bedeutungsverschiebung siehe Grimm/Grimm 1854-1961.

99 Grundlegend für diese Rehabilitierung von Vorurteilen war Gadamer 1960: 281-312. Zur Unvermeidlichkeit der „Maschinerie der Vorurteile", aber auch zur Notwendigkeit, die in ihnen enthaltenen „Generalisierungen einzuschränken", siehe aber bereits Horkheimer 1963. Zur systemtheoretischen Begründung dieser Unhintergehbarkeit von Vorurteilen siehe Richter 1996: 120ff.

100 Zu diesem grundlegenden Charakter von Typisierungen für die soziale Welt siehe Schütz 1964: 37-55 und Schütz/Luckmann 1975: 86-98 u. 229-240.

oder sozialen Schicht angehört, ist im sozialen Zusammenleben notwendigerweise mit bestimmten Annahmen in Bezug auf das wahrscheinliche Verhalten und die wahrscheinlichen Einstellungen dieser Person verbunden. Allerdings bedeutet dies nicht, wie in der eingangs vorgestellten Vorurteilskonzeption häufig unterstellt wird, dass in Vorurteilen notwendigerweise für *alle* Mitglieder der beurteilten Gruppe das Vorliegen der entsprechenden Verhaltensweisen und Einstellungen behauptet wird. Vorurteile müssen nicht notwendigerweise mit solchen Hypergeneralisierungen verbunden sein, sondern können auch auf ‚statistischen' Annahmen beruhen und tun dies meist auch implizit: Für bestimmte nationale Herkunftsgruppen beispielsweise wird im Regelfall nicht davon ausgegangen, dass *alle* ihrer Mitglieder die durch die jeweilige nationale Typisierung zugeordneten Merkmale aufweisen, sondern dass diese Merkmale in ihnen im Vergleich zu anderen Herkunftsgruppen signifikant häufiger auftreten. Das üblicherweise ins Feld geführte Argument, *den* ‚Italiener' oder *den* ‚Deutschen' gebe es nicht, da zahlreiche von den zugrunde liegenden nationalen Stereotypen abweichende Fälle nachgewiesen werden könnten, trifft so zwar auf einen hypergeneralisierenden Vorurteilsbegriff zu, aber nicht auf seine statistische Verwendung[101].

Aber auch von der Genese sozialen Wissens her sind Vorurteile notwendige Elemente der Welt- und Sozialorientierung, insofern als unsere Urteile und Bewertungen immer ausgehen von, aufbauen auf der Erfahrung und dem Wissen, das sich in lokal begrenzten sozialen Kontexten und bei vorangehenden in diesen begrenzten Kontexten lebenden Generationen herausgebildet hat. Die Urteile und Bewertungen, die Menschen über die Welt und andere soziale Gruppen fällen, können deshalb *zunächst* gar nicht anders als traditionsbasiert und wir-gruppenzentristisch sein, weil dies

101 Zur Legitimität einer solchen statistischen Zuschreibung von Gruppenunterschieden, die einzelnen Gruppenmitgliedern nicht immer gerecht wird, siehe Koopmanns 2017: 107f.

der Horizont ist, der der Person in einem ersten Schritt gesetzt ist, den sie aber in weiteren Schritten überschreiten kann und muss[102].

Vorurteile und die in ihnen enthaltenen Typisierungen sozialer Gruppen scheinen also grundlegende Bausteine des sozialen Lebens und entsprechend allgegenwärtig zu sein (wie gesehen auch bei radikalen Kritikern ethnischer und nationaler Etikettierung). Wenn dies so ist, ist eine Bekämpfung von Vorurteilen als solchen keine sinnvolle Strategie; vielmehr können nur bestimmte Vorurteile und insbesondere ihre statischen, rigiden und erfahrungsresistenten Verwendungen sinnvoll kritisiert und auf dieser Basis verändert werden.

Auch die Beziehung von ‚Verfälschung' und ‚Wahrheit' innerhalb von Vorurteilen müsste neu gefasst werden: In vielen Fällen sind die nationalen Typisierungen, die Tradition und sozialer Kontext zur Verfügung stellen, sicherlich vereinseitigend und als solche zu kritisieren; auszuschließen ist nicht, dass sie zum Teil auch erfahrungsbasiert sind und auf dieser Basis auch einen ‚wahren Kern' enthalten[103], Vorurteil und Wahrheit also keineswegs in einem Gegensatz stehen müssen. Auf diesem Hintergrund wird hoffentlich auch die Bedeutung des eingangs wiedergegebenen Zitats von Hans-Georg Gadamer deutlich, das auf den ersten Blick durchaus in Spannung zu den vorangehenden Zitaten steht. Vorurteile und Wahrheitssuche stehen demnach nicht gegeneinander, sondern beides sind notwendige und aufeinander verweisende Momente eines graduellen horizonterweiternden Prozesses der ‚Annäherung an die Wahrheit'[104].

Per se ist damit auch nicht auszuschließen, dass negative Vorurteile gegenüber bestimmten nationalen Gruppen oder Teilgrup-

---

102 Zu dieser Unvermeidlichkeit von Ethnozentrismus, aber auch der Notwendigkeit, ihn zu überschreiten, siehe Remotti 1993.

103 Siehe Boileau et al. 1992 (1975): 127 zum „wahren Kern", den Vorurteile häufig enthalten, aber auch zur Notwendigkeit, dessen „Wesentlichkeit, Allgemeinheit und Rationalität" empirisch zu überprüfen. Zur Unverzichtbarkeit und Problematik von ‚pauschalen' kollektiven Zuschreibungen (unter anderem an nationale Herkunftsgruppen) siehe Hansen 2009b.

104 Zu diesem Verständnis wissenschaftlicher Forschung, das auch dem vorliegenden Text zugrunde liegt, siehe ähnlich auch das Spätwerk von Karl R. Popper 1973.

pen in ihnen tatsächlich besonders häufig vorliegende Merkmal betreffen und insofern der Wirklichkeit dieser Gruppen entsprechen. Auch hier wäre eine empirische Überprüfung solcher Annahmen (beispielsweise die Hypothese einer signifikanten Häufung patriarchalischer und autoritärer Verhaltensweisen unter männlichen Zuwanderern türkischer Herkunft[105]) angebracht[106]. Der Blick sollte auch hier genauso auf das tatsächliche Verhalten der Zuwanderer gerichtet werden wie auf die Blickverengungen der Mehrheitsbevölkerung. Eine pauschale Verurteilung von Vorurteilen auf Seiten der Mehrheitsbevölkerung als fremdenfeindlich oder sogar rassistisch schließt sich auf diesem Hintergrund auf jeden Fall aus.

---

105 Der frühere Leiter des Kriminologischen Forschungsinstitut Niedersachsen, Christian Pfeiffer, hat in verschiedenen Publikationen eine solche Häufung behauptet. Zu deutlichen Unterschieden in kulturellen Variablen wie z.B. den Männlichkeitsnormen zwischen deutschen und türkeistämmigen Jugendlichen siehe neuerdings Pfeiffer et al. 2018: 17.

106 Eine Grundlage für die empirische Überprüfung des Realitätsgehalts nationaler Typisierungen könnten dabei vergleichende Untersuchungen zu inter-nationalen kulturellen Unterschieden sein. Siehe z.B. Gerhards/Hölscher 2005 und die Ergebnisse der miteinander verbundenen World Value Study und European Value Study (https://europeanvaluesstudy.eu/) sein. Für den Vergleich zwischen Deutschland und Italien auf Basis der Ergebnisse der EVS siehe Gubert/Meulemann 2013/2014.

Worum ging es und was folgt daraus?

Das Anliegen des vorliegenden Textes war in erster Linie ein im weitesten Sinne ‚ideologiekritisches'. Nach der Seite seiner *sachbezogenen* kritischen Intention zielte er darauf ab, im vorherrschenden Integrationsdiskurs logisch unstimmige Argumentationsmuster und einen unkorrekten Umgang mit empirischen Daten aufzuzeigen. Jenseits der konkreten Argumentationsmuster und Umgangsformen mit empirischen Forschungsergebnissen hat sich dabei immer wieder eine Art dialektischer Umschlag von einem ins andere Extrem gezeigt: Aus der berechtigten Kritik an verdinglichten und vereinseitigenden Annahmen, wie sie traditionell für den Integrationsdiskurs kennzeichnend waren, werden im aktuellen Integrationsdiskurs immer wieder Annahmen abgeleitet, die ähnliche Verdinglichungen und Vereinseitigungen aufweisen – allerdings mit entgegengesetzten Vorzeichen.

Nach der Seite seiner im engeren Sinne *ideologiekritischen* Zielsetzung ging es darum, im Hintergrund solcher wissenschaftlicher Fehlleistungen ein relativ konsistentes und festgefügtes Bild des Zusammenlebens von Gruppen mit unterschiedlicher ethnisch-kultureller Herkunft zu identifizieren, das geprägt ist von politisch-normativen Vorstellungen über die Fundamente eines solchen Zusammenlebens und weitgehend resistent gegenüber ihnen entgegenstehenden Argumenten und Fakten ist.

Die *theoretischen* Hintergründe eines solchen Weltbildes, wie sie sich aus den Vorbehalten insbesondere der Soziologie als Modernisierungswissenschaft gegenüber der Erklärungskraft ethnischer Merkmale ergeben, sind hier nur in Bezug auf die Ethnisierungsthese und einige Elemente der soziologischen Kulturalismuskritik angedeutet worden. In *politisch-moralischer* Hinsicht sollte aber klar geworden sein, dass die spezifischen Blickverengungen, die den deutschen Integrationsdiskurs kennzeichnen, auch etwas mit der spezifisch deutschen Geschichte des Umgangs mit ethnischen Minderheiten zu tun haben: Die Frage der Kontinuität bzw. Abgrenzung zu einer solchen Vergangenheit ist in diesem Diskurs in einem Maße präsent, das eine rationale und empirisch orientierte Befassung mit Integrationsfragen oft stark behindert.

Der Sache nach hat sich diese ‚Ideologiekritik' auf zwei Komplexe gerichtet: zum einen auf die Frage der Relevanz ethnisch-kultureller Prägungen für das Verhältnis zwischen Gruppen mit unterschiedlicher ethnisch-kultureller Herkunft, zum anderen auf das Verhältnis von Mehrheiten und Minderheiten als eine besondere Form solcher inter-ethnischen Beziehungen. Dabei wurde davon ausgegangen, dass beide Komplexe auch unabhängig voneinander diskurswirksam werden (die Leugnung der Relevanz kultureller Prägungen bezieht sich beispielsweise auch häufig auf die Mehrheitsbevölkerung). Allerdings hat sich auch ein innerer Zusammenhang zwischen beiden Komplexen gezeigt: Die dominierende kausale und politisch-moralische Rolle, die der Mainstream-Integrationsdiskurs der Mehrheitsbevölkerung für das Zusammenleben mit den Minderheitengruppen meist zuschreibt, erlaubt es einerseits, die tatsächlichen ethnisch-kulturellen Merkmale der Minderheitengruppen als irrelevant für ein solches Zusammenleben zu betrachten, und wird andererseits zur Erklärung dafür herangezogen, dass ethnisch-kulturelle Faktoren auf der Meta-Ebene der Beobachtung und Beschreibung sozialen Verhaltens überhaupt eine Bedeutung für dieses Zusammenleben gewinnen.

Gegenüber diesem ‚ideologiekritischen' Anliegen des Textes stand die ‚positive' Darstellung von theoretischen Annahmen und empirischen Ergebnissen der Ethnizitäts- und Integrationsforschung im Hintergrund. Solche ‚positiven' Elemente sind nur dann benannt worden, wenn sie selbst Bestandteil der dargestellten Beispiele waren oder wenn ihre Heranziehung für die Verdeutlichung, beispielsweise als Kontrastfolie, der kritischen Argumente hilfreich oder gar unumgänglich war.

Dessen ungeachtet enthält der Text explizit und implizit eine Anzahl von Aussagen nicht nur dazu, was man möglichst vermeiden sollte für ein angemessenes Verständnis von Integrationsprozessen, sondern auch dazu, welche Vorgehensweisen in dieser Hinsicht bessere Ergebnisse erwarten lassen. Generell gilt selbstverständlich, dass sich diese ‚positiven' Hintergrundannahmen nicht unmittelbar aus der im Text geführten Kritik ergeben: Beispielsweise folgt aus der Kritik an den dargestellten Dekonstruktionsversuchen der Relevanz ethnisch-kultureller Merkmale keineswegs im Umkehrschluss, dass diese eine solche Relevanz besitzen: Zum einen sind weitere und andersartige dekonstruktive Argumentationen denkbar (und vermutlich existent), die schlüssiger und empirisch besser abgesichert sind als die hier präsentierten; zum anderen ist auf jeden Fall eine empirische Überprüfung der Erklärungsrelevanz ethnisch-kultureller Merkmale nötig.

Solche ,positiven' Annahmen betreffen zunächst die erkenntnistheoretisch-methodische Grundüberzeugung des Textes, wie sie sich unmittelbar aus der durchgeführten ,Ideologiekritik' ergibt: Diese Überzeugung fordert zunächst, dass man sich als Wissenschaftler in einem ersten Schritt ausschließlich dem Ist-Zustand solcher Prozesse zuwendet, ohne sich dabei davon beeinflussen zu lassen, welchen ,Soll-Zustand' man sich in Bezug auf deren Verlauf und die ihn beeinflussenden Faktoren wünscht. Diese als ,Werturteilsfreiheitspostulat' bekannte Grundorientierung eines wissenschaftlichen Zugangs zur Welt ist in gewisser Weise trivial und wird als solche kaum bestritten, wird aber, wie sich gezeigt hat, im aktuellen Integrationsdiskurs regelmäßig und schwerwiegend verletzt. Im Unterschied zu einem solchen ,gemeinen' Umgang mit der Wissenschaft ist also die von Joachim Gauck geforderte „rationale, auf Fakten gestützte Debatte zur Norm zu machen". Diese Forderung nach ,wertfreier' wissenschaftlicher Forschung besagt keineswegs, dass solche Forschung und die Auswahl ihrer Gegenstände nicht von einem ,normativen Hintergrund' ausgehen, und auch nicht, dass nicht unter bestimmten Bedingungen aus wissenschaftlichen Forschungsergebnissen politisch-moralische Wertungen abgeleitet werden können, sondern nur, dass dieser Hintergrund keinerlei Einfluss auf den Gang und die Ergebnisse der Forschung selbst zu nehmen hat[107]. Diese Ergebnisse sollten umkehrt sogar die

107 Zu dieser Unterscheidung siehe die Leiter des Deutschen Zentrums für Integrations- und Migrationsforschung Frank Kalter und Naika Foroutan als Replik auf die Kritik in Wagner 2020.

Möglichkeit dafür schaffen, vorausgesetzte politisch-moralische Wertungen in Frage zu stellen bzw. zu spezifizieren.

Und auch wenn man in *politisch-moralischer* Hinsicht „die Ängste und manchmal auch Abwehrhaltungen, die mehr oder weniger irrational unseren öffentlichen Diskurs verwirren“, vermeiden will, kommt einer solchen Orientierung an wissenschaftlicher Objektivität als regulativer Idee eine grundsätzliche Bedeutung zu: Wie einleitend schon angedeutet, trägt eine Beschönigung oder gar Leugnung der mit Zuwanderungsprozessen verbundenen Herausforderungen (und eine ausschließliche Konzentration auf die durch sie realisierten Zugewinne auch für die Mehrheitsgesellschaft) keineswegs dazu bei, solche Ängste und Abwehrhaltungen auf Seiten der Mitglieder dieser Mehrheitsgesellschaft abzubauen. Vielmehr erhöht sie das Risiko, dass tatsächlich vorhandene Schattenseiten der Zuwanderung von zuwanderungsfeindlichen Positionen nur umso besser im Sinne einer pauschalen Ablehnung und Diffamierung von Zuwanderern ausgeschlachtet werden können – und die genannten Ängste und Abwehrhaltungen ihnen gegenüber so weiter gestärkt werden.

Jenseits dieser methodischen Postulate speist sich die vorgelegte Ideologiekritik selbstverständlich auch aus sachlichen Überzeugungen dahingehend, welche Grundannahmen ein besseres Verständnis des Zusammenlebens von ethnisch-kulturellen Gruppen und insbesondere von Mehrheits- und Minderheitengruppen ermöglichen[108].

Was die Einschätzungen des Autors in Bezug auf den ersten Komplex der Relevanz ethnisch-kultureller Herkünfte für die Erklärung sozialen Handelns und sozialer Einstellungen anbelangt, kommt hierbei auch seinen persönlichen Erfahrungen eine nicht

108 Diese Grundannahmen sind keineswegs in irgendeinem Sinne originell, sondern gehören seit Jahrzehnten zum Erkenntnisstand zumindest der angelsächsischen Forschung auf diesem Gebiet, was aber im deutschen Integrationsdiskurs nur in geringem Maße (und wo dies der Fall war mit deutlicher Verzögerung) zu ihrer Berücksichtigung geführt hat. Zur frühzeitigen, umfangreichen und produktiven Rezeption der angelsächsischen Debatte siehe Boileau et al. 1992 (ursprünglich 1975 veröffentlicht) und Petrosino 1998.

unwichtige Rolle zu (die selbstverständlich nicht zum wissenschaftlichen Argument gemacht werden können): Aufgrund seines Lebens und Arbeitens in interkulturellen Kontexten und seines langjährigen Aufenthalts in einem anderen europäischen Land ist die These von der Nicht-Existenz oder Nicht-Relevanz ethnisch-kultureller Unterschiede für ihn in hohem Maße kontraintuitiv. Die Nicht-Berücksichtigung solcher Unterschiede hätte in besagten interkulturellen Umfeldern zu schwerwiegenden Missverständnissen und Kommunikationsstörungen geführt (und hat dies auch immer wieder getan), da Sachverhalte von den ethnisch-kulturell unterschiedlich geprägten Kommunikationspartnern aufgrund ihrer kulturspezifischen Sichtweisen und Semantiken höchst unterschiedlich interpretiert und bewertet worden sind. Aus Sicht des Autors spricht auch eine relevante Anzahl von Forschungsergebnissen für die Bedeutsamkeit solcher Faktoren, die im hier angezielten ideologiekritischen Kontext selbstverständlich nicht im Einzelnen referiert werden können[109].

Auf jeden Fall sollte klar geworden sein, dass solche Fragen nicht auf theoretisch-dogmatischer Ebene beantwortet werden können, sondern nur durch auf den jeweiligen Einzelfall gerichtete empirische Forschung: In geeigneten multikausalen Forschungsdesigns müsste empirisch überprüft werden, welches Gewicht ethnisch-kulturellen Prägungen (meist operationalisiert über nationale Herkunft) gegenüber anderen sozialen Bestimmungsfaktoren zukommt. Aus der Sicht des Autors müsste ein solches multikausales Vorgehen von zwei Annahmen geleitet werden: Zum einen ist grundsätzlich davon auszugehen, dass die Angehörigkeit zu abstammungsbasierten sozialen Netzwerken vermittelt über die in ihnen wirksamen familiären und gesamtgesellschaftlichen Sozialisationsinstanzen (wie Erziehung, Bildung, Sprache, Medien und Li-

109 Koopmans (2017) liefert hierzu sowohl Ergebnisse seiner eigenen Studien, die die Relevanz soziokultureller Faktoren (und der Angehörigkeit zu unterschiedlichen nationalen Zuwanderergruppen) auch bei Kontrolle von relevanten Drittvariablen belegen, als auch umfangreiche Verweise auf weitere Studien. Zum breiten Spektrum der dabei zu berücksichtigenden ethnisch-nationalen kulturellen Praxen und Symboliken siehe Bader 1995: 98f.

teratur) einen zentralen gruppenspezifischen Einfluss auf das Verhalten und die Einstellungen von Menschen und damit auch auf ihre Beziehungen zu Angehörigen anderer Gruppen nimmt. Zum anderen ist davon auszugehen, dass diese herkunftsbedingten ethnisch-kulturellen Unterschiede vor allem dann handlungsrelevant und -brisant werden, wenn sie zusammentreten mit sozialen und politischen Benachteiligungen einer der beteiligten Gruppen. Schwerwiegende Störungen des Integrationsprozesses sind demnach dann zu erwarten, wenn ethnisch-kulturelle Spaltungen sich überlappen mit sozialen Spaltungen. (Diese Situation ist nicht selten in sozial benachteiligten Stadtvierteln anzutreffen[110].) Die Aufgabe empirischer Forschung bestünde genau darin, für jeden Einzelfall dieses komplexe Bedingungsgefüge aufzudröseln und auf dieser Basis die ‚Stellschrauben' zu identifizieren, an denen Einfluss auf dieses Gefüge genommen werden kann. Hierzu müssten in deutlich umfangreicherem Ausmaß, als dies bisher geschehen ist, Forschungsdesigns entwickelt werden, die zum einen herkunftsbedingte kulturelle, relationale und identifikatorische Merkmale systematisch einbeziehen, zum anderen deren komplexe Interaktionen mit sozialstrukturellen Einflussfaktoren ins Auge fassen.

Ein ähnlich anspruchsvolles empirisches Vorgehen ist in Bezug auf den zweiten Komplex der Beziehungen zwischen Mehrheitsbevölkerung und Minderheitengruppen anzuzielen. Auch hier ist programmatisch davon auszugehen, dass solche Beziehungen und damit der Erfolg bzw. Misserfolg von Integrationsprozessen bilateral verursacht sind, d.h. vom Handeln und den Einstellungen sowohl der Mehrheitsbevölkerung als auch der Minderheiten beeinflusst werden. Dies erfordert komplexe Forschungsdesigns, die das ganze Spektrum minderheitenakzeptierender sowie -diskriminierender Verhaltensweisens und Einstellungen auf Seiten der

110 Als anspruchsvollen Versuch, diese verschiedenen Dimensionen des Zusammenlebens in benachteiligten Stadtteilen, integriert zu berücksichtigen siehe Karrer 2002. Zu den verschiedenen Aspekten des Zusammenlebens in solchen Stadtteilen siehe auch Friedrich-Ebert-Stiftung 1998. In Bezug auf das Ruhrgebiet siehe Krummacher/Waltz 2000.

Mehrheitsbevölkerung genauso wie die unterschiedlichen integrationsfördernden und -behindernden sozio-kulturellen Bedingungen auf Seiten der Zuwanderergruppen einbeziehen[111]. Besondere Aufmerksamkeit wäre dabei den sozialen und politisch-institutionellen Machtverhältnissen zwischen beiden Gruppen und den mit ihnen verbundenen sozialen und politischen Asymmetrien zu widmen, die erneut brisante Überlappungen zwischen sozialen und politischen Konfliktlinien auf der einen, ethnisch-kulturellen Differenzen auf der anderen Seite zur Folge haben können.

In welcher Beziehung und in welcher Gewichtung solche unterschiedlichen gruppenspezifischen Einflussfaktoren zueinander stehen und welche Konsequenzen sich aus ihrer Wechselwirkung ergeben, ist wiederum nur durch empirische Erforschung des jeweiligen Einzelfalls zu bestimmen[112].

Dieses Plädoyer für ‚komplexe empirische Einzelfallforschung' schließt keineswegs die Formulierung genereller Annahmen über das Verhältnis und das Gewicht unterschiedlicher auf Integrationsprozesse einflussnehmender Faktoren aus. Solche Annahmen wären allerdings das Ergebnis kumulativer empirischer Überprüfung unserer unvermeidlichen persönlichen und wissenschaftlichen Vorurteile in Bezug auf diese Faktoren und nicht dogmatische A-priori-Annahmen, die einen rational und empirisch basierten Erkenntnisfortschritt (und in der Folge die Formulierung von angemesseneren Handlungsperspektiven) be-, wenn nicht sogar verhindern.

---

111 Zur Methodologie und zum theoretischen Bezugsrahmen eines solchen ‚zweiseitigen' Zugriffs auf Integrationsprozesse siehe beispielsweise Heitmeyer/Anhut 2000b.

112 Einen anspruchsvollen Versuch, die Fronten zwischen Ethnisierungs- und Multikulturalismusthese theoretisch differenziert und empirisch fundiert aufzubrechen, hat Wimmer 2002 vorgelegt. Zu den Ergebnissen der zugrunde liegenden empirischen Untersuchung siehe Stienen 2006.

Nachwort: *Cancel culture* oder der Umgang eines renommierten deutschen Wissenschaftsverlags mit unliebsamen Thesen

Nach der Fertigstellung des Manuskripts des vorliegenden Textes haben sich weitere Entwicklungen ergeben, die im Rahmen eines Nachworts einer Kommentierung bedürfen, und das nicht nur, weil der Autor selbst betroffen war, sondern auch weil diese aus seiner Sicht zentrale der im Text formulierten Thesen bestätigen.

Diese Entwicklungen betreffen den Umgang mit diesen Thesen von Seiten eines renommierten Wissenschaftsverlages, der zunächst großes Interesse an der Veröffentlichung des Textes gezeigt hatte: Nach Einreichung eines ausführlichen Exposés, das die Inhalte und die Stoßrichtung des Textes unmissverständlich deutlich machte, stieß das Veröffentlichungsprojekt bei dem in diesem Verlag für das sozialwissenschaftliche Programm zuständigen Lektor zunächst auf ein geradezu enthusiastisches Interesse. Entsprechend diesem ausgeprägten Interesse bot der Verlag dem Autor einen Vertrag an, mit dem er sich zur Veröffentlichung des fertigen Manuskripts verpflichtete (und der im Übrigen auch kein Rücktrittsrecht vorsah, wie es beispielsweise für den Fall von erheblichen Abweichungen des ausformulierten Manuskripts von den ursprünglich im Exposé dargelegten Inhalten denkbar wäre). Der Autor nahm diesen Vertrag an, erstellte auf dieser Basis den vorliegenden Text und lieferte ihn in der vereinbarten Frist ab.

Völlig überraschend – da der Text in keinem Aspekt substanziell über die im Exposé formulierten Thesen hinausgeht – äußerte der genannte Lektor aber erhebliche Bedenken gegenüber dem Manuskript. Diese bezogen sich nicht nur darauf, dass der Text mit der ‚Politik' des Verlags nicht übereinstimme, sondern verbanden diese Einschätzung mit einer Qualifizierung des Textes, die aus Sicht des Autors eine Diffamierung von dessen Inhalten und darüber auch seiner Person darstellt. Nicht nur wurde der Vorwurf formuliert, der Text liefere „Steilvorlagen für Rechtspopulisten", sondern es wurde behauptet, zentrale Passagen argumentierten „völkisch" und „rassistisch". So wurde beispielsweise die bereits im Exposé – und nun auch im Text – vorgetragene und zudem sachlogisch begründete Forderung, die Relevanz ethnisch-kultureller Faktoren für das Handeln von Individuen und Gruppen *empirisch zu überprüfen*, als „rassistische Aussage" angeprangert.

Die daraufhin erfolgte detaillierte Darlegung des Autors in Bezug auf die inkriminierten Passagen, dass diese keineswegs solche Argumentationsmuster enthielten, konnte an der Einschätzung und der Entscheidung des Verlags, den Text vertragswidrig nicht zu publizieren, nichts ändern. Der Autor entschied sich daraufhin seinerseits, gegen die Vertragsverletzung nicht juristisch vorzugehen, sondern den Kontakt mit einem Verlag abzubrechen, der auf diese Art und Weise mit Autoren umgeht, die sich mit politisch unliebsamen Themen auseinandersetzen, und dessen Einschätzung eines Manuskripts weniger beständig zu sein scheint als eine sich im Wind drehende Flagge.

Offensichtlich war diesem Wissenschaftsverlag demnach nicht daran gelegen, zu einer sachbezogenen Diskussion der im Text angesprochenen Themen beizutragen, sondern ging es ihm eher darum, sich unabhängig von der Sachlage im Umfeld aktueller Integrationsdiskurse politisch angemessen zu positionieren. Dafür war er bereit, Argumente, die dem Mainstream dieser Diskurse entgegenstehen, aus der öffentlichen Debatte fernzuhalten. Angesichts dieses diskurs- und wissenschaftsfeindlichen Vorgehens war der Autor umso froher darüber, dass sich in der Folge ein Verlag gefunden hat, der an einem Beitrag zu einer politisch nicht vorgeprägten, sachbezogenen Auseinandersetzung mit vom Mainstream abweichenden Positionen interessiert war und den Text veröffentlicht hat. Und so sind die in ihm vertretenen Thesen schließlich doch nicht aus dem öffentlichen Diskurs ‚gecancelt' worden.

Literaturverzeichnis

Aderhold, Jens/Heideloff, Frank 2001, *Kultur als Problem der Weltgesellschaft? Ein Diskurs über Globalität, Grenzbildung und kulturelle Konfliktpotenziale*, Stuttgart.

Aleksandrowicz, Dariusz 2006, *Nationalkultur im sozialwissenschaftlichen Kontext (Teil I)*, in: Divinatio, 24, S. 107-129.

Aleksandrowicz, Darius 2007, *Nationalkultur im sozialwissenschaftlichen Kontext (Teil II)*, in: Divinatio, 26, S. 89-142.

Anderson, Benedict 1993, *Die Erfindung der Nation. Zur Karriere eines folgenreichen Konzepts*, Frankfurt a. M./New York.

Antidiskriminierungsstelle des Bundes (Hrsg.) 2014, *Zwischen Gleichgültigkeit und Ablehnung. Bevölkerungseinstellungen gegenüber Sinti und Roma*, Berlin. (https://zentralrat.sintiundroma.de/wp-content/uploads/presse/333.pdf)

Arendt, Hannah 2019 (1967), *Wahrheit und Lüge in der Politik. Zwei Essays*, München.

Auernheimer, Georg 1992, *Versteckte Rassismen. Ein schwieriger Weg zwischen Gleichmacherei und der Fixierung auf die fremde Mentalität*, in: PÄD EXTRA, 1, S. 9-13.

Bade, Klaus J. 2009, *Frühere Versäumnisse nicht mit Lösungen von gestern beheben!*, in: G.I.B. INFO, 1, S. 46-53.

Bade, Klaus J. 2017, *Migration – Flucht – Integration. Kritische Politikbegleitung von der ‚Gastarbeiterfrage' bis zur ‚Flüchtlingskrise'. Erinnerungen und Beiträge*, Karlsruhe.

Bader, Veit-Michael 1995, *Rassismus, Ethnizität, Bürgerschaft. Soziologische und philosophische Überlegungen*, Münster.

Barth, Fredrik (Hrsg.) 1969, *Ethnic Groups and Boundaries. The Social Organisation of Culture Difference*, Bergen-Oslo/London.

Barth, Fredrik 1994, *Enduring and Emerging Issues in the Analysis of Ethnicity*, in: Vermeulen/Govers 1994, S. 11-32.

Beck, Ulrich 1986, *Risikogesellschaft. Auf dem Weg in eine andere Moderne*, Frankfurt a. M.

Becker, Rolf/Beck, Michael 2012, *Herkunftseffekte oder statistische Diskriminierung von Migrantenkindern in der Primarstufe*, in: Becker, Rolf/Solga, Heike, Soziologische Bildungsforschung, Kölner Zeitschrift für Soziologie und Sozialpsychologe, Sonderheft 52, S. 137-163.

Bednaschewsky, Rania/Supik, Linda 2018, *Von Deutschen of Colour und Deutschen mit Migrationshintergrund in der Statistik*, in: Gomolla, Mechthild/Kollender, Ellen/Menk, Marlene (Hrsg.), Rassismus und Rechtsextremismus in Deutschland. Figurationen und Interventionen in Gesellschaft und staatlichen Institutionen, Weinheim/Basel, S. 179-192.

Bell, Daniel 1975, *Ethnicity and Social Change*, in: Glazer, Nathan/Moynihan, Daniel P. (Hrsg.), Ethnicity. Theory and Experience, Cambridge (Mass.)/London, S. 141-174.

Benz, Wolfgang 2010, *Rassismus*, in: Sir Peter Ustinov Institut (Hrsg.), „Rasse" - eine soziale und politische Konstruktion. Strukturen und Phänomene des Vorurteils Rassismus, Wien, S. 1-15.

Benz, Wolfgang 2014, *Sinti und Roma: Die unerwünschte Minderheit. Über das Vorurteil Antiziganismus*, Berlin.

Benz, Wolfgang 2019, *Alltagsrassismus. Feindschaft gegen „Fremde" und „Andere"*, Frankfurt a. M.

Berchem, David Johannes 2011, *Wanderer zwischen den Kulturen. Ethnizität deutscher Migranten in Australien zwischen Hybridität, Transkulturation und Identitätskohäsion*, Bielefeld.

Bergmann, Werner 2005, *Was sind Vorurteile?*, in: Bundeszentrale für politische Bildung (Hrsg.), Vorurteile, Informationen zur politischen Bildung 271, S. 4-13.

Berlin-Institut für Bevölkerung und Entwicklung 2009, *Ungenutzte Potenziale. Zur Lage der Integration in Deutschland*, Berlin.

Bertelsmann Stiftung (Hrsg.) 2014, *Vielfältiges Deutschland. Bausteine für eine zukunftsfähige Gesellschaft*, Gütersloh.

Beyersdorff, Burkhard/Böckler, Stefan 2014, *Beschäftigung und Bildung bulgarischer und rumänischer Zuwanderer*, in: Stadtforschung und Statistik, 1, S. 53-64.

Blum-Barth, Natalia 2016, *Transkulturalität, Hybridität, Mehrsprachigkeit. Von der Vision zur Revision einiger Forschungstrends*, in: gfl-journal, 1, S. 114-130.

Böcker, Anita/Groenendijk, Kees 2004, *Einwanderungs- und Integrationsland Niederlande. Tolerant, liberal und offen?*, in: Wielenga, Friso/Taute, Ilona, Länderbericht Niederlande. Geschichte - Wirtschaft - Gesellschaft, Bonn, S. 303-361.

Böckler, Stefan (Hrsg.) 1998, *Ritorno dell'etnico? Etnicità tra decostruzione e ricostruzione/Wiederkehr des Ethnischen? Ethnizität zwischen Dekonstruktion und Rekonstruktion*, Annali di Sociologia - Soziologisches Jahrbuch, 12 (I-II), Trento/Trient.

Böckler, Stefan 1999a, *Diesseits und jenseits der Grenze. Zur Auseinandersetzung mit differenztheoretischen Ansätzen in der Ethnizitätsforschung*, in: Honegger, Claudia/Hradil, Stefan/Traxler, Frank, Grenzenlose Gesellschaft?, Teil 2, Opladen, S. 453-469.

Böckler, Stefan 1999b, *Identità, differenza, confine. Il fondamento teorico e concettuale della ricerca sull'etnicità*, in: Studi di Sociologia, 3, S. 317-334.

Böckler, Stefan 2010a, *Ethnisierung oder Sozialpolitisierung der Lebenssituation von Zuwanderern? Ein Plädoyer für Multidimensionalität*, in: IMIS-Beiträge, 36, S. 87-117.

Böckler, Stefan 2010b, *Genutzte und ungenutzte Potentiale. Stellungnahme zur Studie des Berlin-Instituts für Bevölkerung und Entwicklung „Ungenutzte Potentiale. Zur Lage der Integration in Deutschland"*, unveröff. Manuskript, Duisburg.

Böckler, Stefan 2010c, *Was macht die Statistik mit den 2+i-ten Zuwanderergenerationen? Zukunft der Statistik von Personen mit Migrationshintergrund*, in: Stadtforschung und Statistik, 2, S. 61-65.

Böckler, Stefan 2015a, *Die Herstellung der vollen Arbeitnehmerfreizügigkeit für EU-2-Zuwanderer zum 1.1.2014. Beschäftigung und Transferleistungsbezug von bulgarischen und rumänischen Zuwanderern in Deutschland und in deutschen Städten*, trendinfo 05, Duisburg.

Böckler, Stefan (Hrsg.) 2015b, *EU-Zuwanderung aus Südosteuropa: Chancen und Risiken*, in: Stadtforschung und Statistik, 2, S. 2-45.

Böckler, Stefan 2015c, *Armutszuwanderung nach Deutschland und in deutsche Städte: Mythos und/oder Realität?*, in: Böckler 2015b, S. 17-24.

Böckler, Stefan 2021, *Alter Wein in neuen Schläuchen? „Alte" und „neue" Termini in der Integrationsdebatte* (https://www.migazin.de/2021/02/16/alter-wein-schlaeuchen-alte-termini/).

Böckler, Stefan/Grisenti, Rita 1996, *Lo Statuto di Autonomia del Trentino-Alto Adige: un modello di pacificazione etnica per l'area centrale danubiana?/Das Autonomiestatut für Trentino-Südtirol: ein Modell für die Befriedung ethnischer Konflikte im mittleren Donauraum?*, Milano/Berlin.

Böckler, Stefan/Ceylan, Rauf/Frazzetto, Alessandra/Maxim, Natalia/Richter, Roland 2009, *Integration zwischen Distanz und Annäherung. Die Ergebnisse der Ersten Duisburger Integrationsbefragung*, Duisburg.

Böckler, Stefan/Schmitz-Veltin, Ansgar (Hrsg.) 2013, *Migrationshintergrund in der Statistik – Definitionen, Erfassung und Vergleichbarkeit*, Materialien zur Bevölkerungsstatistik, H. 2, Verband Deutscher Städtestatistiker.

Böckler, Stefan/Gestmann, Margarita/Handke, Thomas 2017, *Neuzuwanderung in Duisburg-Marxloh. Bulgarische und rumänische Zuwanderer und Alteingesessene im Ankunftsquartier*, Wiesbaden.

Boileau, Anna Maria 1987, *Pregiudizio*, in: Demarchi, Franco/Ellena, Aldo/Cattarinussi, Bernardo (Hrsg.), Nuovo Dizionario di Sociologia, Cinisello Balsamo, S. 1572-1587.

Boileau, Anna Maria/Strassoldo, Raimondo/Sussi, Emidio 1992 (1975), *Temi di sociologia delle relazioni etniche*, Gorizia.

Bommes, Michael 1994, *Migration und Ethnizität im nationalen Sozialstaat*, in: Zeitschrift für Soziologie, 5, S. 364-377.

Bormann, Renate 1997, *„Multikulturalität"? Die sozialwissenschaftliche Kulturforschung angesichts des Umlaufs ihrer Kategorien*, in: Schweizer Zeitschrift für Soziologie, 2, S. 283-302.

Bormann, Renate 2001, *Raum, Zeit, Identität. Sozialtheoretische Verortungen kultureller Prozesse*, Opladen.

Brinkman, Richard L./Brinkmann, June E. 1997, *Cultural Lag: Conception and Theory*, in: International Journal of Social Economics, 6, S. 609-627.

Brücker, Herbert/Hauptmann, Andreas/Vallizadeh, Ehsan 2015, *Zur ökonomischen und sozialen Lage der Einwanderer aus Bulgarien und Rumänien*, in: Böckler 2015b, S. 8-16.

Bühl, Achim 2017, *Rassismus. Anatomie eines Machtverhältnisses*, Bonn.

Bukow, Wolf-Dietrich 1996, *Feindbild Minderheit. Zur Funktion von Ethnisierung*, Opladen.

Bukow, Wolf-Dietrich 2013, *Warum man in den Städten bei der Migration aus Südosteuropa reflexartig auf latent rassistische Deutungs- und Steuerungsmechanismen zurückgreift, statt sich auf die eigene Geschichte im Umgang mit Einwanderung zu besinnen*, Forschungskolleg Uni Siegen, Working Paper 04.

Bukow, Wolf-Dietrich 2016, *Ein modernisierter Rassismus als Wegbereiter eines urbanen Antiziganismus*, in: Behrens, Melanie/Bukow, Wolf-Dietrich/Cudak, Karin/Strünck, Christoph (Hrsg.), Inclusive City. Überlegungen zum gegenwärtigen Verhältnis von Mobilität und Diversität in der Stadtgesellschaft, Wiesbaden, S. 323-349.

Bukow, Wolf-Dietrich/Llaryora, Roberto 1993, *Mitbürger aus der Fremde. Soziogenese ethnischer Minoritäten*, Opladen.

Bukow, Wolf-Dietrich/Cudak, Karin 2014, *Das Geschäft mit der Einwanderung. Zum Zusammenhang zwischen Einwanderungspolitik und -industrie am Beispiel der Zuwanderung aus Südosteuropa*, in: Kriminalistik, 2, S. 74-80.

Bukow, Wolf-Dietrich/Cudak, Karin 2017, *Zur Entwicklung von institutionellem Rassismus: Rassistische Routinen in der kommunalen Praxis*, in: Fereidooni, Karim/El, Meral (Hrsg.), Rassismuskritik und Widerstandsformen, Wiesbaden, S. 385-403.

Bundesagentur für Arbeit 2013, *Beschäftigungsquoten der sozialversicherungspflichtig Beschäftigten*, Reihe Arbeitsmarkt in Zahlen. Beschäftigungsquoten Dezember 2013, Nürnberg.

Bundeszentrale für politische Bildung (Hrsg.) 2020, *(Anti-)Rassismus*, Aus Politik und Zeitgeschichte, 42-44, Bonn.

Cremer, Hendrik 2012, *„Rassismus"? Die Debatte zu Aussagen von Thilo Sarrazin hat verdeutlicht, wie eng der Begriff in Deutschland verstanden wird*, in: Heinz, Andreas/Kluge, Ulrich (Hrsg.), Einwanderung - Bedrohung oder Zukunft? Mythen und Fakten zur Integration, Frankfurt a. M., S. 233-249.

Cudak, Karin 2017, *Bildung für Newcomer. Wie Schule und Quartier mit Einwanderung aus Südosteuropa umgehen*, Wiesbaden.

Diefenbach, Heike 2017, *Rassismus und Rassismuskritik: Kritische Anmerkungen zum neuen Rassismusdiskurs in der deutschsprachigen Öffentlichkeit und Sozialwissenschaft*, in: Fereidooni, Karim/El, Meral (Hrsg.), Rassismuskritik und Widerstandsformen, Wiesbaden, S. 837-854.

Dittrich, Eckhard J./Radtke, Frank-Olaf (Hrsg.) 1990a, *Ethnizität. Wissenschaft und Minderheiten*, Opladen.

Dittrich, Eckhard J./Radtke, Frank-Olaf 1990b, *Einleitung: Der Beitrag der Wissenschaften zur Konstruktion ethnischer Minderheiten*, in: Dittrich/Radtke 1990a, S. 11-40.

Dreher, Jochen/Stegmaier, Peter 2007 (Hrsg.), *Zur Unüberwindbarkeit kultureller Differenz. Grundlagentheoretische Reflexionen*, Bielefeld.

Duemmler, Kerstin 2015, *Symbolische Grenzen. Zur Reproduktion sozialer Ungleichheit durch ethnische und religiöse Zuschreibungen*, Bielefeld.

Dworkin, Ronald 1989, *Liberal Community*, in: California Law Review, 3, S. 479-504.

El-Mafaalani, Aladin 2018, *Das Integrationsparadox. Warum gelungene Integration zu mehr Konflikten führt*, Bonn.

El-Tayeb, Fatima 2016, *Undeutsch. Die Konstruktion des Anderen in der postmigrantischen Gesellschaft*, Bielefeld.

Elwert, Georg 1989, *Nationalismus und Ethnizität – Über die Bildung von Wir-Gruppen*, in: Kölner Zeitschrift für Soziologie und Sozialpsychologie, 3, S. 440-464.

Elwert, Georg 1998, *Afrikanische Pfade für Europas Zukunft? Gegenwärtige und zukünftige Entwicklungen europäischer Nationalismen*, in: Böckler 1998, S. 123-141.

Esser, Hartmut 2001a, *Integration und ethnische Schichtung*, Arbeitspapiere - Mannheimer Zentrum für Europäische Sozialforschung, 40, Mannheim.

Esser, Hartmut 2001b, *Integration und das Problem der „multikulturellen Gesellschaft"*, in: Mehrländer, Ursula/Schultze, Günther (Hrsg.), Einwanderungsland Deutschland. Neue Wege nachhaltiger Integration, Bonn, S. 64-91.

Esser, Hartmut 2006, *Sprache und Integration. Die sozialen Bedingungen und Folgen des Spracherwerbs von Migranten*, Frankfurt a.M./New York.

Esser, Hartmut/Friedrichs, Jürgen (Hrsg.) 1990, *Generation und Identität. Theoretische und empirische Beiträge zur Migrationssoziologie*, Opladen.

Europarat 1995, *Rahmenübereinkommen zum Schutz nationaler Minderheiten*, Straßburg.

Fabietti, Ugo 1995, *L'identità etnica. Storia e critica di un concetto equivoco*, Roma.

Fachkommission Integrationsfähigkeit 2021, *Gemeinsam die Einwanderungsgesellschaft gestalten. Bericht der Fachkommission zu den Rahmenbedingungen der Integrationsfähigkeit*, Berlin.

Feltes, Thomas/Weingärtner, Rahel/Weigert, Marvin 2016, *„Ausländerkriminalität"*, in: Zeitschrift für Ausländerrecht und Ausländerpolitik, 5-6, S. 157-165.

Fernández, Raquel 2010, *Does Culture Matter?*, IZA Discussion Papers, No. 5122, Bonn.

Fleischhauer, Jan/Witsch, Kathrin 2014, *Politische Wissenschaften. Minderheiten – Sind die Deutschen feindlich gegen Sinti und Roma gesinnt? Eine Regierungsstudie erweckte den Eindruck. Beteiligte Experten sehen das anders*, in: DER SPIEGEL, 41, S. 42-43.

Foroutan, Naika 2015, *Die Einheit der Verschiedenen: Integration in der postmigrantischen Gesellschaft*, focus MIGRATION, Kurzdossier 28, Osnabrück.

Foroutan, Naika/Geulen, Christian/Illmer, Susanne/Vogel, Klaus/Wernsing, Susanne (Hrsg.) 2018, *Das Phantom „Rasse". Zur Geschichte und Wirkungsmacht von Rassismus*, Köln.

Friedrich-Ebert-Stiftung (Hrsg.) 1998, *Ghettos oder ethnische Kolonie?: Entwicklungschancen von Stadtteilen mit hohem Zuwandereranteil*, Bonn.

Gadamer, Hans-Georg 2010 (1960), *Wahrheit und Methode. Grundzüge einer philosophischen Hermeneutik*, Tübingen.

Gauck, Joachim 2013, *Gespräch mit dem Sachverständigenrat deutscher Stiftungen für Integration und Migration*, 12. April, Schloss Bellevue. (https://www.bundespraesident.de/SharedDocs/Downloads/DE/Reden/2013/04/130412-Sachverstaendigenrat.pdf;jsessionid=8AEA9C9338619BB4D416E3F644DC961A.1_cid378?__blob=publicationFile)

Geiger, Klaus F. 1987, *„Kulturelle Identität" – Kritische Anmerkungen zur Diskussion über türkische Kinder und Jugendliche in der Bundesrepublik*, in: Köstlin, Konrad et al. (Hrsg.), Kinderkultur, Bremen, S. 219-236.

Geiger, Klaus F. 1998a, *Schwierigkeiten im Umgang mit dem eigenen Partikularismus. Zum Diskurs über die Angemessenheit ethnizistischer und nationalistischer Semantiken*, in: Böckler 1998, S. 327-345.

Geiger, Klaus F. 1998b, *Ethnische und nationale Identifikationen in westeuropäischen Gesellschaften*, unveröff. Manuskript, Kassel.

Geis-Thöne, Wido 2019, *Sprachkenntnisse entscheidend für die Arbeitsmarktintegration*, IW-Trends, 3, Köln.

Geißler, Rainer 2001, *Sind „Ausländer" krimineller als Deutsche? Anmerkungen zu einem vielschichtigen Problem*, in: Zeitschrift für Ausländerrecht und Ausländerpolitik, 1, S. 27-41.

Gerhards, Jürgen/Hölscher, Michael 2005, *Kulturelle Unterschiede in der Europäischen Union. Ein Vergleich zwischen den Mitgliedsländern, Beitrittskandidaten und der Türkei*, Wiesbaden.

Geulen, Christian 2007, *Geschichte des Rassismus*, München.

Giesen, Bernhard 1993, *Die Intellektuellen und die Nation. Eine deutsche Achsenzeit*, Frankfurt a. M.

Gress, Daniela 2019, *Impulse für eine Minderheitengeschichte der Arbeit*, in: Gress, Daniela (Hrsg.), Minderheiten und Arbeit im 19. und 20. Jahrhundert. Aspekte einer vielschichtigen Beziehungsgeschichte, Heidelberg, S. 9-31.

Greuel, Frank/Glaser, Michaela (Hrsg.) 2012, *Ethnozentrismus und Antisemitismus bei Jugendlichen mit Migrationshintergrund. Erscheinungsformen und pädagogische Praxis in der Einwanderungsgesellschaft*, Halle.

Griese, Christiane/Marburger, Helga 2012, *Interkulturelle Öffnung. Ein Lehrbuch*, München.

Grimm, Jakob/Grimm, Wilhelm 1854-1961, *Vorurteil*, in: Grimm, Jakob/ Grimm, Wilhelm, Deutsches Wörterbuch, Bd. 26, Sp. 1856-1864.

Gubert, Renzo/Meulemann, Heiner (Hrsg.) 2013/2014, *Valori a confronto: aree culturali tedesca e italiana/Werte im Vergleich: der deutsche bzw. italienische Kulturraum*, Annali di Sociologia - Soziologisches Jahrbuch, 19, Trento/Trient.

Ha, Kien Nghi 2010, *Unrein und vermischt. Postkoloniale Grenzgänge durch die Kulturgeschichte der Hybridität und der kolonialen „Rassenbastarde"*, Bielefeld.

Hahnzog, Simon 2011, *Soziale Kognition – Grundlagen.* (http://www.hahnzog.de/organisationsberatung/sozialpsychologie-soziale-kognition/2)

Haller, Ingrid/Geiger, Klaus F. (Hrsg.) 1991, *Ethnische Minderheiten in der Industriegesellschaft*, Kassel.

Haller, Max (Hrsg.) 2019, *Migration und Integration. Fakten oder Mythen?*, Wien.

Hansen, Klaus P. 2009a, *Kultur, Kollektiv, Nation*, Passau.

Hansen, Klaus P. 2009b, *Die Problematik des Pauschalurteils*, in: Intercultural Journal, 10, S. 5-17.

Haug, Sonja/Müssig, Stephanie/Stichs, Anja 2009, *Muslimisches Leben in Deutschland*, Nürnberg.

Heckmann, Friedrich 1992, *Ethnische Minderheiten, Volk und Nation. Soziologie inter-ethnischer Beziehungen*, Stuttgart.

Heckmann, Friedrich 1997, *Ethnos – eine imaginierte oder reale Gruppe? Über Ethnizität als soziologische Kategorie*, in: Hettlage, Robert/Deger, Petra/Wagner, Susanne (Hrsg.), Kollektive Identität in Krisen, Opladen, S. 46-55.

Heckmann, Friedrich 2015, *Integration von Migranten. Einwanderung und neue Nationenbildung*, Wiesbaden.

Heitmeyer, Wilhelm/Anhut, Reimund (Hrsg.) 2000a, *Bedrohte Stadtgesellschaft. Soziale Desintegrationsprozesse und ethnisch-kulturelle Konfliktkonstellationen*, Weinheim/München.

Heitmeyer, Wilhelm/Anhut, Reimund 2000b, *Desintegration, Konflikt und Ethnisierung. Eine Problemanalyse und theoretische Rahmenkonzeption*, in: Heitmeyer/Anhut 2000a, S. 17-75.

Hettlage-Varjas, Andrea/Hettlage, Robert 1984, *Kulturelle Zwischenwelten. Fremdarbeiter – eine Ethnie?*, in: Schweizerische Zeitschrift für Soziologie, 2, S. 357-403.

Hill, Marc/Yıldız, Erol (Hrsg.) 2018, *Postmigrantische Visionen. Erfahrungen – Ideen – Reflexionen*, Bielefeld.

Höhne, Thomas 2001, *Kultur als Differenzierungskategorie*, in: Lutz, Helma/Wenning, Norbert (Hrsg.), Unterschiedlich verschieden. Differenz in der Erziehungswissenschaft, Opladen, S. 197-213.

Hondrich, Karl Otto 1992, *Wovon wir nichts wissen wollten*, in: DIE ZEIT, 40, 25. September, S. 68.

Hondrich, Karl Otto 1998, *Ethnizität und Wir-Gefühle*, in: Böckler 1998, S. 163-178.

Horkheimer, Max 1963, *Über das Vorurteil*, Köln/Opladen.

Horvath, Kenneth 2017, *Migrationshintergrund. Überlegungen zu Vergangenheit und Zukunft einer Differenzkategorie zwischen Statistik, Politik und Pädagogik*, in: Miethe, Ingrid/Tervooren, Anja/Ricken, Norbert (Hrsg.), Bildung und Teilhabe. Zwischen Inklusionsforderung und Exklusionsdrohung, Wiesbaden, S. 197-216.

Huntington, Samuel P. 1993, *The Clash of Civilizations?*, in: Foreign Affairs, Summer, S. 22-49.

Isajiw, Wsevolod W. 1974, *Definitions of Ethnicity*, in: Ethnicity, 1, S. 111-124.

Jervis, Giovanni 1996, *Pregiudizio*, in: Enciclopedia delle Scienze Sociali, VI, Roma, S. 771-776.

Jonuz, Elizabeta 2009, *Stigma Ethnizität. Wie zugewanderte Romafamilien der Ethnisierungsfalle begegnen*, Opladen & Farmington Hills (MI).

Karrer, Dieter 2002, *Der Kampf um Integration. Zur Logik ethnischer Beziehungen in einem sozial benachteiligten Stadtteil*, Wiesbaden.

Kaschuba, Wolfgang 1995, *Kulturalismus: Kultur statt Gesellschaft?*, in: Geschichte und Gesellschaft - Zeitschrift für historische Sozialwissenschaft, 1, S. 80-95.

Knight, Ute/Kowalsky, Wolfgang 1991, *„Böse Deutsche, gute Ausländer." Rechte und linke Denkblockaden verhindern eine neue Einwanderungspolitik*, in: DER SPIEGEL, 47, S. 112-123.

Koopmans, Ruud 2017, *Assimilation oder Multikulturalismus. Bedingungen gelungener Integration*, Berlin.

Kostner, Sandra (Hrsg.) 2019, *Identitätslinke Läuterungsagenda. Eine Debatte zu ihren Folgen für Migrationsgesellschaften*, Stuttgart.

Krauß, Joachim 2016, *Nicht von ungefähr: Die Synonymsetzung von Roma mit Armutszuwanderung als ein Fall von Agenda-Bildung*, in: Stender, Wolfram (Hrsg.), Konstellationen des Antiziganismus, Wiesbaden, S. 225-237.

Krossa, Anne Sophie 2018, *Gesellschaft. Betrachtungen eines Kernbegriffs der Soziologie*, Wiesbaden.

Krummacher, Michael/Waltz, Viktoria 2000, *Ruhrgebiet: Migration und Stadtentwicklung in einer altindustrialisierten Region. Herausforderungen, Versäumnisse und „best practice"-Beispiele*, in: Schmals, Klaus M. (Hrsg.), Migration und Stadt. Entwicklungen - Defizite - Potenziale, Opladen, S. 215-237.

Lau, Mariam 2017, *Kühler Querkopf. Er nannte Muslime extremistisch und Politiker ignorant. Jetzt greift der Migrationsforscher Ruud Koopmans seine eigene Zunft an. Besuch bei einem, der nicht dazugehören will*, in: DIE ZEIT, 51, S. 79.

Magnani, Natalia 2001, *Immigrazione e nuove minoranze etniche. Integrazione urbana negli Stati Uniti e in Italia*, Trento.

Malik, Kenan 2018, *Das Unbehagen in den Kulturen. Eine Kritik des Multikulturalismus und seiner Gegner*, Bonn.

Mandel, Ruth/Wilpert, Czarina 1996, *Migration zwischen der Türkei und Deutschland: Ethnizität und kulturelle Zwischenwelten*, in: Hettlage, Robert (Hrsg.), Problemi migratori in Germania e in Italia tra spazi senza frontiere e nuovi confini/Migrationsprobleme in Deutschland und Italien zwischen offenen Räumen und neuen Grenzen, Annali di Sociologia - Soziologisches Jahrbuch, 10, S. 467-485.

Mappes-Niediek 2013, *Arme Roma, böse Zigeuner. Was an den Vorurteilen über die Zuwanderer stimmt*, Bonn.

Marinelli-König, Gertraud/Preisinger, Alexander (Hrsg.) 2011, *Zwischenräume der Migration. Über die Entgrenzung von Kulturen und Identitäten*, Bielefeld.

Marx, Karl 1861-1863, *Zur Kritik der politischen Ökonomie*, MEGA II/3, Berlin.

Matter, Max 2015a, *Nirgendwo erwünscht. Zur Armutsmigration aus Zentral- und Südosteuropa in die Länder der EU-15 unter besonderer Berücksichtigung von Angehörigen der Roma-Minderheiten*, Schwalbach/Ts.

Matter, Max 2015b, *Die Zuwanderung aus Südosteuropa: darf, soll oder muss man auch von Roma sprechen?*, in: Böckler 2015b, S. 37-41.

Mecheril, Paul 2009, *Politik der Unreinheit. Ein Essay über Hybridität*, Wien.

Medda-Windischer, Roberta 2008, *Old and New Minorities: Reconciling Diversity and Cohesion. A Human Rights Modell of Minority Integration*, Baden-Baden.

Merkle, Tanja 2009, *Lebenswelten in Deutschland. Ergebnisse aktueller Studien von Sinus Sociovision*, in: Lange, Dirk/Polat, Ayça (Hrsg.), Unsere Wirklichkeit ist anders. Migration und Alltag, Bonn, S. 62-79.

Merz-Benz, Peter-Ulrich 2007, *Kulturwissenschaft als Wissenschaft der Transkulturalität?*, in: Aleksandrowicz, Dariusz/Weber, Karsten (Hrsg.), Kulturwissenschaften im Blickfeld der Standortbestimmung, Legitimierung und Selbstkritik, Berlin, S. 191-212.

Ministerium für Generationen, Familie, Frauen und Integration des Landes Nordrhein-Westfalen 2008, *Nordrhein-Westfalen. Land der neuen Integrationschancen. 1. Integrationsbericht der Landesregierung*, Düsseldorf.

Mintzel, Alf 1997, *Multikulturelle Gesellschaften in Europa und Nordamerika. Konzepte – Streitfragen – Analysen – Befunde*, Passau.

Neue deutsche Medienmacher 2013, *Neue Begriffe für die Einwanderungsgesellschaft*, Dokumentation des Workshops in Nürnberg vom 29. und 30. April 2013, Berlin.

Neubacher, Frank 2017, *Kriminologie*, Baden-Baden.

Nieswand, Boris/Drotbohm, Heike (Hrsg.) 2014, *Kultur, Gesellschaft, Migration. Die reflexive Wende in der Migrationsforschung*, Wiesbaden.

Nietzsche, Friedrich 2020 (1878), *Menschliches, Allzumenschliches. Ein Buch für freie Geister*, Köln.

Ogburn, William F. 1969, *Kultur und sozialer Wandel. Ausgewählte Schriften*, Neuwied.

Özcan, Ertekin 1995, *Die türkische Minderheit*, in: Schmalz-Jacobsen/Hansen, Georg (Hrsg.), Ethnische Minderheiten in der Bundesrepublik Deutschland. Ein Lexikon, München, S. 511-528.

Peters, Bernhard 1997, *„Multikulturalismus" und „Differenz". Zu einigen Kategorien der Zeitdiagnose*, in: Münkler, Herfried (Hrsg.), Furcht und Faszination. Facetten der Fremdheit, Berlin, S. 223-253.

Petrosino, Daniele 1998, *Ethnizität in der Gegenwartsgesellschaft zwischen Primordialismus und Instrumentalismus*, in: Böckler 1998, S. 302-325.

Pfeiffer, Christian/Baier, Dirk/Kliem, Sören 2018, *Zur Entwicklung der Gewalt in Deutschland. Schwerpunkte: Jugendliche und Flüchtlinge als Täter*, Zürich.

Pickel, Gert/Reimer-Gordinskaya, Katrin/Decker, Oliver 2019, *Der Berlin-Monitor 2019. Vernetzte Solidarität – Fragmentierte Demokratie*, Springe.

Polizeipräsidium Duisburg 2017, *Kriminalitätsbericht 2017*, Duisburg.

Popper, Karl R. 1973, *Objektive Erkenntnis. Ein evolutionärer Entwurf*, Hamburg.

Radtke, Frank-Olaf 1991, *Pädagogisch induzierter Kulturalismus. Zum Zustand der Migrations- und Minderheitenforschung in der Bundesrepublik Deutschland am Ausgang der 80er Jahre*, in: Haller/Geiger 1991, S. 24-51.

Radtke, Frank-Olaf 2011, *Kulturen sprechen nicht. Die Politik grenzüberschreitender Dialoge*, Hamburg.

Rehberg, Karl-Siegbert 1986, *Kultur versus Gesellschaft? Anmerkungen zu einer Streitfrage in der deutschen Soziologie*, in: Kölner Zeitschrift für Soziologie und Sozialpsychologie, Sonderheft 27, S. 92-115.

Remotti, Francesco 1993, *Etnocentrismo*, in: Enciclopedia delle Scienze Sociali, 3, Roma, S. 658-664.

Renz, Jochen 2017, *Drei Chinesen mit dem Kontrabass – wenig bekannte Fakten zur Ausländerkriminalität in Deutschland.* (https://nbn-resolving.org/urn:nbn:de:0168-ssoar-52080-9)

Rex, John 1990, *„Rasse" und „Ethnizität" als sozialwissenschaftliche Konzepte*, in: Dittrich/Radtke 1990a, S. 141-153.

Richter, Dirk 1996, *Nation als Form*, Opladen.

Roosens, Eugeen 1994, *The Primordial Nature of Origins in Migrant Ethnicity*, in: Vermeulen/Govers 1994, S. 81-104.

Rosling, Hans/Rosling-Rönnlund, Anna/Rosling, Ola 2020, *Factfulness. Wie wir lernen, die Welt so zu sehen, wie sie wirklich ist,* Berlin.

Sachverständigenrat deutscher Stiftungen für Integration und Migration (Hrsg.) 2013, *Erfolgsfall Europa? Folgen und Herausforderungen der EU-Freizügigkeit für Deutschl*and, Jahresgutachten 2013 mit Migrationsbarometer, Berlin.

Schellhoss, Hartmut 2019, *Sind Ausländer generell krimineller?*, in: Neue Kriminalpolitik, 2, S. 163-168.

Scherr, Albert/El-Mafaalani, Aladin/Yüksel, Gökçen (Hrsg.) 2017, *Handbuch Diskriminierung,* Wiesbaden.

Schiffauer, Werner 1997, *Fremde in der Stadt. Zehn Essays über Kultur und Differenz,* Frankfurt a. M.

Schmoliner, Stephanie 2004, *Vom Mythos der „Ausländerkriminalität" – MigrantInnen im deutschen Recht. Überlegungen zu einer kritischen Rechtswissenschaft,* in: Roß, Bettina (Hrsg.), Migration, Geschlecht und Staatsbürgerschaft. Perspektiven für eine anti-rassistische und feministische Politik und Politikwissenschaft, Wiesbaden, S. 135-142.

Schröder, Helmut/Conrads, Jutta/Testrot, Anke/Ulbrich-Herrmann, Matthias 2000, *Ursachen interethnischer Konfliktpotentiale, Ergebnisse einer Bevölkerungsumfrage von deutscher Mehrheitsbevölkerung und türkischer Minderheit,* in: Heitmeyer/Anhut 2000a, S. 101-198.

Schütz, Alfred 1964, *Collected Papers II. Studies in Social Theory,* Den Haag.

Schütz, Alfred/Luckmann, Thomas 1975, *Die Strukturen der Lebenswelt,* Neuwied/Darmstadt.

Schweizer, Thomas 1999, *Wie versteht und erklärt man eine fremde Kultur? Zum Methodenproblem der Ethnographie,* in: Kölner Zeitschrift für Soziologie und Sozialpsychologie, 1, S. 1-33.

Şen, Faruk 1996, *Die Folgen zunehmender Heterogenität der Minderheiten und der Generationsaufspaltung,* in: Heitmeyer, Wilhelm/Dollase, Rainer (Hrsg.), Die bedrängte Toleranz. Ethnisch-kulturelle Konflikte, religiöse Differenzen und die Gefahren politisierter Gewalt, Frankfurt a. M., S. 261-270.

Simmel, Georg 2001, *Aufsätze 1887-1890. Über sociale Differenzierung. Die Probleme der Geschichtsphilosophie,* Gesamtausgabe, Bd. 2, Frankfurt a. M.

Smith, Anthony D. 1992, *Le origini etniche delle nazioni,* Bologna.

Spetsmann-Kunkel, Martin (Hrsg.) 2009, *Homogenitätsillusion und Normalitätskonstrukt. Aufsätze von Georg Hansen,* Münster/New York/München/Berlin 2009.

Sprenger, Guido 2014, *Unser Phantom Leitkultur,* in: Bertels, Ursula (Hrsg.), Einwanderungsland Deutschland. Wie kann Integration aus ethnologischer Sicht gelingen?, Münster/New York, S. 53-65.

Statistisches Bundesamt 2012, *Qualitätsbericht Erwerbstätigenberechnung*, Nürnberg, (https://www.destatis.de/DE/Methoden/Qualitaet/Qualitaetsberichte/Arbeitsmarkt/erwerbstrechnung-vgr.pdf?__blob=publicationFile).

Steffen, Wiebke 2001, *Ausländerkriminalität zwischen Mythos und Realität*, in: Albrecht, Günter/Backes, Otto/Kühnel, Wolfgang (Hrsg.), Gewaltkriminalität zwischen Mythos und Realität, Frankfurt a. M., S. 282-300.

Steinwand, Melanie 2010, *Kriminalität von Migranten in Deutschland. Eine kritische Betrachtung der Polizeilichen Kriminalstatistik*, Marburg.

Steixner, Margret 2007, *Lernraum Interkultur von interkultureller Erfahrung zu interkultureller Kompetenz. Potentiale und Relevanz interkulturellen Coachings am Beispiel von Fachkräften der Entwicklungszusammenarbeit*, Wien.

Stienen, Angela (Hrsg.) 2006, *Integrationsmaschine Stadt? Interkulturelle Beziehungsdynamiken am Beispiel von Bern*, Bern.

Supik, Linda 2014, *Statistik und Rassismus. Das Dilemma der Erfassung von Ethnizität*, Frankfurt a. M./ New York.

Sylla, Nadine/Zakouri, Yasmin 2020, *Rezension* zu: Wöllenstein, Julia 2019, Von Kartoffeln und Kanaken: Warum Integration im Klassenzimmer scheitert. (https://www.migazin.de/2020/01/17/von-kartoffeln-kanaken-warum-integration/).

Taguieff, Pierre André 1991, *Die ideologischen Metamorphosen des Rassismus und die Krise des Antirassismus*, in: Bielefeld, Uli (Hrsg.), Das Eigene und das Fremde, Hamburg, S. 221-268.

Tenbruck, Friedrich H. 1989, *Die kulturellen Grundlagen der Gesellschaft. Der Fall der Moderne*, Opladen.

Tezcan, Levent 2000, *Kulturelle Identität und Konflikt. Zur Rolle politischer und religiöser Gruppen der türkischen Minderheitsbevölkerung*, in: Heitmeyer/Anhut 2000a, S. 401-448.

Thränhardt, Anna Maria 1995, *Die japanische Minderheit*, in: Schmalz-Jacobsen, Cornelia/Hansen, Georg (Hrsg.), Ethnische Minderheiten in der Bundesrepublik Deutschland. Ein Lexikon, München, S. 242-256.

Trautmann, Sebastian 2002, *Migration, Kriminalität und Strafrecht. Zur Rolle des Strafrechts im Kontext nationaler Zuwanderungsregeln – ein Vergleich zwischen Deutschland und Frankreich*, Münster/Hamburg/London.

Ulrich, Andreas 2014, *„Deutschland profitiert". Sind Zuwanderer aus Bulgarien Armutsflüchtlinge oder Arbeitsmigranten?*, in: DER SPIEGEL, 6.1., S. 26.

Vermeulen, Hans/Govers, Cora 1994 (Hrsg.), *The Anthropology of Ethnicity: Beyond ›Ethnic Groups and Boundaries‹*, Amsterdam.

Wagner, Gerald 2020, *Migrationsforschung. Wissenschaft mit Agenda?*, in: Frankfurter Allgemeine, 10.07.

Walburg, Christian 2014, *Migration und Jugenddelinquenz. Eine Analyse anhand eines sozialstrukturellen Delinquenzmodells*, Münster/New York.

Weber, Max 1980 (1922), *Wirtschaft und Gesellschaft*, Tübingen.

Weiß, Johannes 2002, *Über Selbstexklusion und Verständigungsverweigerung*, in: Schmied-Kowarzik, Wolfdietrich (Hrsg.), Verstehen und Verständigung. Ethnologie - Xenologie - interkulturelle Philosophie, Würzburg, S. 162-168.

Welsch, Wolfgang 2017, *Transkulturalität. Realität – Geschichte – Aufgabe*, Wien.

Welz, Gisela 1994, *Die soziale Organisation kultureller Differenz. Zur Kritik des Ethnosbegriffs in der anglo-amerikanischen Kulturanthropologie*, in: Berding, Helmut (Hrsg.), Nationales Bewußtsein und kollektive Identität. Studien zur Entwicklung des kollektiven Bewußtseins in der Neuzeit 2, Frankfurt a. M., S. 66-81.

Werbner, Pnina 1990, *The Migration Process. Capital, Gifts and Offerings among British Pakistanis*, New York/Oxford/München.

Wiedenbeck, Michael/Züll, Cornelia 2001, *Klassifikation mit Clusteranalyse: Grundlegende Techniken hierarchischer und K-means-Verfahren*, ZUMA How-to-Reihe, 10.

Wimmer, Andreas 1996, *Kultur. Zur Reformulierung eines sozialanthropologischen Grundbegriffs*, in: Kölner Zeitschrift für Soziologie und Sozialpsychologie, 3, S. 401-425.

Wimmer, Andreas 2002, *Multikulturalität oder Ethnisierung? Kategorienbildung und Netzwerkstrukturen in drei schweizerischen Immigrantenquartieren*, in: Zeitschrift für Soziologie, 1, S. 4-26.

Wimmer, Andreas 2005, *Kultur als Prozess. Zur Dynamik des Aushandelns von Bedeutungen*, Wiesbaden.

Wimmer, Andreas 2013, *Ethnic Boundary Making. Institutions, Power, Networks*, New York.

Yıldız, Safiye 2009, *Interkulturelle Erziehung und Pädagogik. Subjektivierung und Macht in den Ordnungen des nationalen Diskurses*, Wiesbaden.

Zamojski, Eva-Katharina 2004, *Hybridität und Identitätsbildung. Die Asymmetrie der Anerkennung von Vermischungsprozessen im westlichen Diskurs der kulturellen Differenz*, Stuttgart.

Zimmermann, Ekkard 1972, *Das Experiment in den Sozialwissenschaften*, Stuttgart.